COMMENT FAIRE DES RÉCLAMATIONS À L'UNIVERS

De la même auteure, chez le même éditeur :

Comment passer commande auprès de l'Univers, 2006.

Titre original : *Reklamationen beim Universum*.
Publié pour la première fois par Omega Verlag.

Traduit de l'allemand par Claude Dhorbais.

ISBN : 978-2-84933-986-2

www.editions-tredaniel.com
info@guytredaniel.fr
www.facebook.com/tredaniel.bienvivre
@tredaniel_bienvivre

Bärbel Mohr

COMMENT FAIRE DES RÉCLAMATIONS À L'UNIVERS

CONTRE-DIRES éditions
19, rue Saint-Séverin
75005 Paris

Sommaire

Avant-propos

Chers lecteurs,

Depuis que j'ai écrit *Comment passer commande auprès de l'Univers* pour un petit groupe de personnes – un livre que celles-ci n'ont d'abord pu acquérir que sous forme de photocopies –, beaucoup de choses ont été accomplies. Je m'étonne encore de l'avalanche de « personnes qui passent commande auprès de l'Univers » et je suis fascinée par ce qui en est résulté. Ce livre m'a apporté bien des connaissances. *The Cosmic ordering service* (« Le service de commande cosmique », non traduit en français), un livre qui approfondit la question, m'a également montré – par le feed-back que m'ont apporté les lettres, les séminaires et les conférences – que quelques lecteurs m'ont déjà dépassée depuis longtemps par leurs grosses commandes. C'est comme si je n'avais fait que leur rappeler un savoir caché sur leurs propres forces et possibilités – et ils ont commencé aussitôt de la meilleure façon.

Cependant, il y a aussi l'autre catégorie de lecteurs. Ce sont ceux qui trichent parfois. Qui trichent ? Oui, c'est bien ça. Vous avez bien lu. On triche ! Et à son propre détriment !

Mais, comme l'Univers pourrait bien nous rappeler tranquillement à l'ordre quand nous nous filoutons nous-mêmes, nous portons plainte contre les livraisons non encore effectuées et formulons des réclamations – par la présente ! Oui-da !

Qui voudrait se joindre à nos réclamations trouvera dans ce petit livre, nous l'espérons, des incitations variées – et pourra bientôt reléguer aux archives le problème des retards de livraison.

Je vous souhaite de bonnes commandes !

Votre Bärbel

1

CE QUE SONT LES COMMANDES AUPRÈS DE L'UNIVERS, ET CE QU'ELLES NE SONT PAS

Pour tous ceux qui ne connaissent pas mes trois premiers livres, et qui par conséquent ne savent pas ce qu'est une commande auprès de l'Univers, deux exemples particulièrement beaux plairont certainement aux « petits nouveaux ». À l'intention de tous ceux qui, dans leurs commandes, n'obtiennent pas encore les succès escomptés, je clarifierai ensuite encore une fois ce que sont les commandes auprès de l'Univers, et ce qu'elles ne sont pas. Car, manifestement, il y a encore beaucoup de malentendus à ce sujet.

Voici d'abord les deux exemples :

Le père de Claudia était mort dix semaines auparavant. Un sac à dos vert, qu'il lui avait offert, était tout ce qui lui restait de lui, et elle le gardait en souvenir. Il représentait pour elle, ces semaines-là, le souvenir le plus cher de son père. Puis on lui vola sa voiture, et le sac à dos vert se trouvait, précisément, dedans.

Elle était très triste et, du fait de la disparition du sac, se sentait encore plus séparée de son père. Puis l'idée lui vint de tenter encore une commande auprès de l'Univers. Elle s'adressa en pensée à l'Univers et le pria : « En comparaison, la voiture est sans importance, mais, s'il vous plaît, renvoyez-moi mon sac à dos, le souvenir de mon père. »

Quelques jours plus tard, cette commande lui parut niaise, et il lui sembla que c'était une sottise que de lier le souvenir de son père à un vieux sac à dos. Et elle décida que le mieux était de simplement oublier le sac. Avec ce dernier, elle oublia naturellement aussi la commande.

Je fis la connaissance de Claudia à l'un de mes séminaires de Berlin. Le troisième jour, elle était assise par terre, le visage rayonnant, un sac à dos vert dans les bras, et elle me fit signe d'approcher pour me raconter son histoire.

Le deuxième jour du séminaire, elle avait vu un sac à dos vert traîner dans les toilettes. Une autre participante l'y avait oublié. En examinant le sac vert de plus près, elle fut très excitée, car elle était presque sûre que c'était SON sac, celui qui lui avait été volé avec sa voiture. Elle le rapporta des toilettes en demandant à la cantonade à qui il appartenait. Une participante se signala aussitôt, racontant qu'elle avait acheté le sac, quelques jours auparavant, sur le marché aux puces.

Claudia n'en croyait pas ses yeux et raconta à l'autre femme l'histoire de son sac à dos et de son père, évoquant aussi sa décision de ne plus faire dépendre du sac le souvenir de son père.

L'autre participante fut profondément impressionnée par ce hasard et, après une nuit de réflexion, offrit à Claudia le sac, après l'avoir vidé. Et c'est ainsi que je découvris Claudia, pendant la pause, assise par terre avec son sac, abîmée dans ses réflexions.

Présence cosmique

Extrait de la lettre d'un autre passeur de commandes :

> « Quelle joie ! Le jour même où j'avais acheté *The Cosmic ordering service* (le tome I était à l'époque épuisé), j'ai passé six ou sept commandes, notamment un temps ensoleillé pour la promenade du chien (sous un ciel gris et une pluie battante, le soleil parut quand même) et une balle pour ma chienne, qu'elle devait trouver en route (c'était OK parce qu'elle vit rigoureusement conformément au principe LAPAR [lâcher-prise, amour et action/réaction] et perd systématiquement ses propres balles en chemin). Elle trouva une balle rouge vif pratiquement neuve, en caoutchouc massif, le genre qu'elle préfère.

Il y avait des choses aussi tordues que celle-ci : l'enceinte acoustique droite de ma voiture, qui n'émettait plus qu'un sinistre grésillement, devait d'elle-même retrouver la belle sonorité de la gauche. J'ai laissé libre cours à mon imagination. À ma grande surprise, toutes mes commandes furent promptement livrées.

Parmi les livraisons les plus étonnantes, il y eut les îles du nord de l'Allemagne, aux étés incertains, et l'amélioration de mes relations avec des congénères fatigants – cette dernière commande avec des résultats parfois spectaculaires, une expérience de totale intimité.

Puis la réalité m'apparut : quel camarade de jeu ai-je donc là ? Quel humour a-t-il ? Quelle envergure a-t-il ? Et, quelques jours plus tard, la crise totale, l'inévitabilité de la présence cosmique : 24 heures sur 24, on écoute quelqu'un très attentivement, aucune cachette où se retrancher. J'ai été très secoué.

Hermann, de Brême »

Il s'est heureusement remis de son choc consécutif à la reconnaissance de la « présence cosmique », et il m'a envoyé d'autres rapports de commande. Un exemple parmi beaucoup d'autres, et qui m'a plu particulièrement, est son histoire de chasse d'eau, qui sifflait dans ses WC :

« Je t'avais déjà parlé, je crois, de ma chasse d'eau sifflante. Je commandai avec succès l'arrêt du sifflement, sans avoir dû recourir à un plombier. Puis je remarquai que j'avais trouvé le "dialogue" assez drôle. Mais, dans l'intérêt de mes voisins, je voulais être raisonnable et m'en tenir au calme. Ensuite, l'idée qu'une chasse d'eau "normale" est quelque peu ennuyeuse ne me quitta plus.

Sur ces entrefaites, la chasse d'eau recommença, à titre d'essai, à m'engueuler ; pas seulement moi, mais aussi ma femme. Après une phase de combat intérieur et de conciliation avec ma femme, je réussis toutefois à expliquer à l'Univers laquelle de mes deux commandes devait maintenant prévaloir. Et il a livré la tranquillité. Le service de réception des commandes *pense et ressent* de concert.

Hermann »

Je présume que le service d'acceptation a éprouvé autant de joie que moi à la façon de procéder de Hermann et de Claudia, de sorte qu'il a traité leurs commandes préférentiellement et qu'il a imaginé quelque chose de tout à fait particulier. Sous ce rapport, l'Univers ressemble à une entreprise normale de vente par correspondance, telle qu'elle existe sur la Terre. Les clients reconnaissants et joyeux, on les livre avec beaucoup d'empressement.

Mais comme toutes les commandes ne marchent pas aussi bien chez tous les clients et que, même à moi, on ne livre pas toujours tout ce que j'ai commandé, le présent *conseiller en réclamations* nous donnera encore, je l'espère, une foule de tuyaux sur la manière dont nous pouvons remédier efficacement aux retards de livraison.

Répétons d'abord, pour clarifier les choses, différentes définitions d'une commande auprès de l'Univers.

Ce que les commandes auprès de l'Univers NE sont PAS :

Elles ne sont pas un moyen de continuer à vivre dans l'abondance, sur le long terme, malgré une carence affective, puis de recevoir malgré tout des prébendes à tous les niveaux en appuyant sur un bouton qui vous relie au paradis.

Les commandes auprès de l'Univers sont…

- … une transposition du concept « le monde est ce que nous pensons de lui » ;
- … une mise en pratique de la phrase : « les états intérieurs déterminent les circonstances extérieures » ;
- … la réalisation du principe « la foi déplace les montagnes » ;
- … une méthode pour être « naïf de façon intelligente ». Toutes les explications rationnelles sur le mode de fonctionnement (par exemple les études scientifiques sur l'effet placebo ou sur l'influence du directeur des recherches, telles qu'elles sont décrites dans mes trois premiers livres) ne nous servent à rien si nous avons l'arrière-pensée suivante : « Oh, mais c'est compliqué, y arriverai-je ? »

Au mot « commander », la plupart d'entre nous associent un processus qui va de soi, au sens de « ce que je commande, cela arrive aussi » (assimilation à la maison de vente par correspondance). C'est précisément dans le fait que nous nous comportons avec les forces spirituelles de façon ludique et, en quelque sorte, naïve, que réside le taux élevé de réussites.

Si, pour toi, un autre jeu convient mieux, imagine ton propre jeu. Le seul objectif consiste à mettre l'entendement au repos, de manière que l'intuition prenne le pas. Le moyen le plus facile pour atteindre cet objectif est aussi celui qui te convient, à toi personnellement.

- … un moyen pour éveiller en nous l'enfant intérieur. « Devenez comme des petits enfants » peut-on lire dans la Bible. Je suis personnellement convaincue que l'Univers a été créé par pure joie, et c'est précisément pour cette raison que le service de commande cosmique vient au-devant de nous par des « livraisons d'encouragement » pour peu que nous nous ouvrions à la possibilité qu'il puisse y avoir encore une belle portion de joyeuse magie au-delà du monde matériel et mécanique.

Même si nous abordons la question « de façon assez négative », les petites commandes marchent souvent, de manière que nous restions « dans la partie » et que nous célébrions la vie avec joie ; étant entendu qu'il existe une différence entre les joies superficielles, qui ne sont que de courte durée, et une joie fondamentale, qui s'attache à la vie dans son ensemble :

Selon le périodique *Petra* (numéro de septembre 2000), 55 % des 1 000 personnes interrogées se sont déclarées très heureuses au Venezuela, contre 7 % seulement qui se sont déclarées malheureuses. En Allemagne, 16 % des personnes se sentent heureuses, et 14 % malheureuses. Les gens des nations suivantes sont également beaucoup plus heureux que les Allemands : le Nigéria (deuxième rang, tout de suite après le Venezuela), l'Islande, l'Irlande, les Pays-Bas, les Philippines, l'Australie, les États-Unis, la Turquie et bien d'autres. Selon cette enquête, l'Allemagne se trouve à la 33e place sur l'échelle du bonheur.

Comment se fait-il que dans un pays comme l'Allemagne, avec un niveau de vie si élevé et tant de possibilités, seulement 16 % des gens soient heureux, alors que, au Venezuela et au Nigéria, il y en ait autour de 50 % ? Qu'en serait-il si tu devais émigrer au Nigéria ou peut-être en Turquie, ou encore en Islande, où l'on ne sait jamais quand le sol se soulèvera sous l'effet d'un tremblement de terre, ni quand il vous engloutira ? Pourtant, les gens de là-bas sont en moyenne beaucoup plus heureux que nous.

La question que je veux poser ainsi est celle de savoir si des raisons véritablement objectives et contraignantes sont responsables de notre négativité, ou bien si la principale raison n'est pas à rechercher à l'intérieur de nous-mêmes.

Ce qu'il y a de stupide, dans cette histoire, c'est que, si nous nous **décidons** à être malheureux, l'intuition ne fonctionne pas bien non plus, parce que nous l'occultons constamment ; et, ce faisant, nous nous créons naturellement sans cesse de nouvelles raisons d'être malheureux.

Ma tante Maryta a des amis en Islande et elle m'a rapporté, à la suite d'une visite qu'elle leur fit, que les enfants, le soir, rangent leurs vêtements devant leur lit de manière à pouvoir les passer à tout moment au cas où, la nuit, un tremblement de terre surviendrait, ce qui est fréquent. Cependant, les gens, là-bas, se qualifient majoritairement d'heureux.

Dans ce pays, l'intuition est considérée comme particulièrement importante. C'est ainsi par exemple que les pêcheurs d'un petit village insulaire, un soir, rentrèrent tous les bateaux au port à cause d'une tempête ; cette même nuit, le proche volcan entra en éruption. Comme les bateaux étaient au port, tous les habitants purent être sauvés et ramenés sur la terre ferme. Beaucoup d'Islandais croient aussi à l'aide des esprits de la nature, les elfes et les gnomes. À l'office du tourisme, on peut se procurer, à côté de la carte routière habituelle, une carte des lieux de séjour des elfes et des lutins !

Avons-nous besoin des tremblements de terre pour être heureux et préserver notre intuition, ou pouvons-nous y arriver aussi avec un peu de conscience et avec de nouvelles intentions ?

On pourrait qualifier aussi d'*enfantine* la croyance en les elfes, mais est-ce une faute ou une « naïveté de l'intelligence » si cette croyance nous aide à percevoir la voix de l'intuition ?

Dans l'écrasante majorité des cas, l'intuition ne fonctionne pas dans le cadre d'une objectivité purement rationnelle et raisonnable. Elle se manifeste de préférence là où la vie est traitée de façon joyeuse, enfantine et ludique !

Les commandes auprès de l'Univers sont aussi…

- … le commencement d'une vie dans laquelle les désirs sont déjà exaucés – à peine les a-t-on formulés en pensée. Souvent, des choses deviennent ainsi possibles, qui contreviennent à toutes les statistiques.

Un exemple : cent personnes cherchent un logement, et dix logements sont disponibles. Ainsi, il faut visiter dix appartements avant d'avoir la chance statistique d'en dégoter un. Le candidat chanceux a quelque part « dans son sang » et dans ses sentiments la liste des logements à visiter : ceux qui lui plairont et dont les propriétaires seront sympathiques. Dans une telle situation, il ne visitera qu'un ou deux appartements et rentrera chez lui avec en poche un contrat de location pour l'appartement de ses rêves.

Les commandes auprès de l'Univers NE consistent PAS à rester couché, déprimé, dans son hamac – et à attendre que quelqu'un s'empare du logement et nous porte dans le nouvel appartement de rêve. Mais elles font en sorte que, de plus en plus souvent, il faille de moins en moins d'efforts pour obtenir quelque chose. Elles signifient que les statistiques ne jouent plus aucun rôle, et que nous pouvons faire les choses de plus en plus facilement. Mais cette facilité ne signifie pas qu'il ne faille rien faire.

Et cela pour une raison bien simple : parce que ne rien faire, à la longue, ne procure plus aucun plaisir. Le concept de l'immobilisme permanent ne conviendrait pas à un Univers qui a été créé par joie.

2

LES COMMANDES AUPRÈS DE L'UNIVERS SONT-ELLES QUELQUE CHOSE DE TOUT À FAIT NOUVEAU ?

Juste ciel, non ! Je ne suis nullement la première, ni même la seule personne convaincue que, par nos états intérieurs, nous créons nos circonstances extérieures. Presque toutes les doctrines occultes sont de cet avis, et chacune le formule à sa manière.

Mikhaël Aïvanhov, le maître spirituel et professeur bulgare bien connu, écrit que la lumière est la force créatrice dans l'Univers. La lumière peut, selon lui, tout remplacer, comme si elle était de la matière réelle. C'est même ce que dit la Bible, selon laquelle Dieu a créé la lumière en premier. La parole fut ensuite, au cours du processus progressif de création, la force qui façonna et modela la matière originelle, à savoir la lumière.

La lumière est la composante fondamentale dont est constituée la matière. Aujourd'hui, les avants superposent des rayons lumineux extrêmement puissants et obtiennent ainsi de petits agrégats de matière. Certes, ce n'est pas aussi élégant que la manière dont Dieu a procédé dans la Bible, mais quand même, cela confirme les allégations.

La parole et la pensée sont, pour en revenir à la Bible et à Aïvanhov, les forces qui confèrent une forme à cette composante fondamentale, et qui la font devenir matière réelle. Étant donné que l'homme a été créé à l'image de Dieu, il peut également créer par la lumière.

Les doctrines initiatiques disent que l'on peut tout obtenir quand on a la lumière. Et la lumière, on l'obtient en se la procurant en soi-même. Pour ce faire, selon Aïvanhov, on pratique la méditation, on convoque, on visualise et on respire la lumière. Il suffirait de contempler un lever de soleil ou encore, grâce à son intention intérieure, de respirer la lumière, de l'emmagasiner en soi et de l'utiliser pour créer.

Qui, par conséquent, voudrait adresser des réclamations à l'Univers... pourra le faire particulièrement bien au lever du soleil, eu égard à la connexion alors très forte avec l'énergie créatrice, la lumière. Ce faisant, on utilisera une technique éprouvée des anciennes doctrines initiatiques.

Pir Vilayat Inayat Khan (1916-2004), chef de l'ordre du soufisme universel, une communauté mystique de croyants non confessionnelle, a formulé la chose très prudemment au début de son séminaire de Noël 2000, mais d'une manière très voisine : « Les hommes pensent que les circonstances éveilleraient en eux certaines qualités ou certains défauts. Mais c'est peut-être l'inverse qui est vrai, à savoir que les qualités et défauts, en nous, ne font que générer les circonstances ! » Il fit une petite pause, puis ajouta sur le ton de la plaisanterie : « Qu'est-ce que ça veut dire, quand quelqu'un se plaint que les circonstances sont mauvaises ? » Son œil vif commença à briller, et le petit homme à la barbe blanche se mit à rire sous cape. Il fut secoué sur sa chaise, tant sa pensée le réjouissait. « En fait, l'homme essaie seulement de se défendre contre son propre ego, car en fin de compte on se plaint de soi-même quand on se plaint des circonstances, car on les a soi-même provoquées. » Tel fut le résumé de sa pensée.

Retraites et méditations étaient le remède favori de Pir contre les problèmes de toute sorte. Dans ses retraites de cinq jours, au cours desquelles il enseignait les sagesses et diverses techniques de méditation, la personne parvenait à la paix intérieure et permettait à son guide intérieur d'apparaître.

La plupart des traditions spirituelles du monde s'occupent des répercussions de nos pensées et de nos sentiments sur notre environnement. Dans les textes des Esséniens, qui remontent à 2 500 ans, on dit déjà que nous devons d'abord créer la paix dans notre corps, dans nos pensées et dans nos sentiments si nous voulons véritablement apporter la paix dans le monde.

Les Indiens d'Amérique du Nord sont d'avis que, par nos « demandes au ciel », nous ne faisons que confirmer que quelque chose nous manque. **Une demande répétée renforcerait la non-disponibilité de ce qui est demandé.** Pour obtenir véritablement quelque chose, les Indiens développent d'abord un sentiment de gratitude pour tout *ce qui est*. Ils cessent de juger mauvais *ce qui est*. Au lieu de cela, ils en remercient et le considèrent comme une sorte de « médecine » pour eux-mêmes et comme voie et moyen de grandir et d'apprendre. Ils choisissent alors une nouvelle médecine, comme ils disent. Ils font cela en rendant sensible en eux-mêmes la chose désirée. Ils plantent ainsi la graine qui la fera naître. Ils rendent sensible la chose désirée comme si elle existait déjà, et ils sont de nouveau reconnaissants de ce qu'ils ressentent. Ce faisant, ils la renforcent dans sa réalité, comme tout ce qui existe déjà.

Beaucoup de maîtres spirituels orientaux voient les choses de façon extrême. Ils disent que l'homme n'a aucun libre arbitre dans l'action. Sans le remarquer, nous n'agirions tous que selon ce qui est installé en nous-mêmes : selon notre être, notre pensée et nos qualités. Nous n'aurions pas la possibilité de modifier notre vie par une action extérieure, car nos actes ne pourraient produire que les résultats qui coïncident avec notre intérieur.

Ce que nous pourrions toutefois changer à chaque instant, ce serait nos pensées et notre caractère. **Mais ce serait quelque chose que nous éprouverions souvent comme trop fatigant, et nous ne voudrions pas non plus reconnaître que nous avons vraiment le libre choix de modifier notre caractère.**

Nous supposons donc le libre arbitre là où il n'est pas, à savoir dans l'action, et nous ne croyons pas qu'il est là où il est vraiment : dans la modification de notre *soi*.

Cependant, ce serait uniquement nos pensées et nos qualités qui donneraient sa forme à notre vie. En nous modifiant nous-mêmes et en modifiant nos pensées, nous pourrions tout changer et accéder au paradis sur terre.

Bouddha aussi nous a fait savoir que c'est notre esprit qui crée le monde.

Il n'y a donc rien de bien nouveau dans les commandes passées auprès de l'Univers. Ce qui est nouveau, à la rigueur, c'est que cela puisse être aussi simple – et que ce qui précède puisse être traduit dans le quotidien en l'absence d'illumination. Aujourd'hui, tant de gens ont expérimenté les forces de l'esprit ainsi que les étranges synchronismes et hasards – que nous n'avons plus besoin d'acquérir de haute lutte l'ouverture à la reconnaissance de nos propres forces créatrices. Seul doit encore être acquis de haute lutte ce qui est entièrement nouveau ou ce qui est très rare dans la conscience collective des hommes.

Copernic et Galilée ont dû combattre pour que soit reconnu le fait que c'est le Soleil et non la Terre qui est le centre de notre système planétaire, et il est vraisemblable qu'ils ont combattu aussi en partie contre leurs propres doutes, qu'ils se sont demandé si leurs calculs étaient vraiment justes.

Lorsque fut découvert l'effet placebo, on peut penser que personne, d'abord, ne crut à ses conséquences. Aujourd'hui, plus personne ne s'en étonne, et les mères et les médecins collent des morceaux de taffetas colorés sur les verrues des petits enfants, car ils savent qu'il y a de bonnes chances que la verrue disparaisse si l'enfant y croit.

Il y a quelques décennies, on était considéré comme un doux dingue quand on voulait se détendre par le training autogène, et améliorer ainsi sa santé. À mon époque, déjà, il y avait à l'école de telles pratiques, sur une base facultative, pour lutter contre le stress des examens.

Et aujourd'hui, il y a de plus en plus de gens qui s'amusent à expérimenter comment ils pourraient bien traduire dans leur quotidien, de façon tout à fait pratique, les vieilles doctrines occultes. Il n'est donc plus nécessaire, ici, de nous brancher sur notre voix intérieure par de longues méditations dans la solitude de l'Himalaya. Il suffit au contraire, grâce à un peu d'exercice pratiqué de plus en plus souvent, de se recueillir deux minutes dans son fauteuil, de respirer profondément et de prendre simplement contact avec son *soi.* Parfois, certes, on ne reçoit pas tout à fait la réponse qu'on avait souhaitée, mais de plus en plus de gens perçoivent la voix de leur intuition, et de plus en plus distinctement.

C'est précisément pour cela qu'il n'est plus nécessaire non plus de procéder à des rituels compliqués de plusieurs jours pour changer quelque chose à sa vie ; une banale commande auprès de l'Univers suffit. Du moins dans la mesure où l'on fait preuve de légèreté et de confiance enfantine, où l'on est insouciant et ouvert à la possibilité que cela pourrait fonctionner.

La personne qui n'obtient pas encore cette légèreté dans sa vie affective, cependant, n'a pas besoin de s'inscrire à un stage de trois ans dans l'Himalaya. Il suffit qu'elle soit plus gentille avec elle-même et qu'elle apprenne à se sentir mieux avec elle-même dans la vie quotidienne. **Qui se ressent et se perçoit volontiers soi-même redevient automatiquement intuitif.** Et c'est avec la même automaticité que, aujourd'hui, cette personne, sur la base de sa résonance, rencontre de plus en plus souvent des congénères ayant un rayonnement analogue du point de vue de la « capacité de passer des commandes ». Et ceux-ci font état d'événements merveilleux, petits et grands, lors desquels les pensées et représentations propres se traduisent dans la réalité de façon apparemment magique. Et cela renforce à son tour la confiance et le sentiment que les choses vont de soi, que de telles choses sont absolument normales – et déjà l'on a atteint le niveau suivant de perception de sa propre intuition. La voix intérieure devient déjà un peu plus distincte et un peu plus différenciée, et davantage de souhaits se réalisent dans la vie.

Aucune renonciation érémitique n'est nécessaire (à moins que ce ne soit la voie que l'on ait CHOISIE) ; point n'est besoin de faire du yoga, de prendre la posture sur la tête, ni de répéter mille fois l'asana. Il est aujourd'hui possible d'être un employé, un entrepreneur, un élève spirituel, ou quoi que ce soit d'autre, dans la vie quotidienne ordinaire.

On m'a demandé une fois si les commandes auprès de l'Univers n'étaient pas une simplification inadmissible. Je pense personnellement que la simplification est non seulement admissible, mais aussi des plus utiles et « d'application commode ». Je m'explique le succès de cette méthode par le fait qu'une explication exhaustive et 100 % correcte ne conduit pas automatiquement à la meilleure compréhension d'une chose. La compréhension est souvent beaucoup plus profonde par le truchement des images ou des métaphores.

Imagine que quelqu'un explique en détail à la télévision, devant un million de téléspectateurs, la théorie des *superstrings* (en physique). Peut-être que 5 % comprendront, totalement ou à demi, ce dont il s'agit. Si quelqu'un formule la même chose en termes simples, ce ne sera certes plus tout à fait correct d'un point de vue scientifique, mais peut-être que 90 % des téléspectateurs auront une compréhension qui approchera de la vérité, alors qu'auparavant (avec la vérité exacte) ils n'étaient que 5 %.

En ce qui me concerne, je connais la plupart des théories des anciennes doctrines de l'occultisme, mais je trouve beaucoup plus difficile de les appliquer, parce que je pense toujours que je n'agis pas correctement, ou assez bien, ou qu'il faut être un initié avancé pour obtenir vraiment quelque chose. Il me vient alors également des visions d'une discipline absolument nécessaire, que je n'ai pas. Je n'ai pas tous ces soucis quand je passe une commande auprès de l'Univers, parce que CELA est un jeu d'enfant. Et parce que je le pense, il en EST ainsi pour moi, et cela marche beaucoup mieux que tous les rituels compliqués. Si TU préfères procéder à des rituels, alors rappelle-toi les règles du jeu de ce livre, celles que tu trouveras au chapitre suivant, et tu verras que le plus important, c'est toujours de faire ce que tu ressens comme correct POUR TOI-MÊME. Et ne te laisse en aucun cas freiner par moi.

D'ailleurs, les premiers points de repère scientifiques pouvant expliquer notamment l'efficacité des « commandes auprès de l'Univers » se trouvent maintenant en Russie : des savants y ont découvert que notre ADN (le siège de nos gènes) fait office d'antenne pour les informations provenant de la conscience globale de tous les hommes, et même au-delà. Sont ainsi devenues scientifiquement compréhensibles, pour la première fois, les intuitions, la clairvoyance et les inspirations émanant d'une conscience beaucoup plus vaste que celle d'un individu.

Plus précisément, les chercheurs ont découvert que notre ADN provoque dans le vide des modèles perturbateurs, et peut ainsi produire des vermoulures magnétisées. Ces piqûres de vers sont, sur le plan microscopique, à peu près ce que sont les ponts de Bose et Einstein au voisinage des trous noirs (des étoiles éteintes). Ce sont des connexions en tunnel entre des régions très diverses de l'Univers, au travers desquelles des informations peuvent être véhiculées en dehors de l'espace et du temps. L'ADN attire ces informations et les retransmet dans la conscience ordinaire.

La clé d'une hypercommunication réussie, comme on dénomme ce processus, est un état intérieur détendu.

Lorsqu'on est stressé, sous pression ou que le mental est trop actif, aucune hypercommunication n'est possible ; ou alors les informations nous parviennent distordues et en partie inutilisables, parce que notre entendement envoie trop de messages parasites.

En fin de compte, une confirmation scientifique du fait que l'on doit être « gentil avec soi-même », que l'on doit être « détendu et heureux » quand on passe commande, sinon on n'entend pas la réponse de l'Univers – laquelle, selon les recherches russes les plus récentes, n'est rien d'autre qu'une sorte d'hypercommunication avec la conscience globale de tous les hommes et avec l'Univers, par le truchement de notre ADN.

Ceux qui, comme moi, sont fascinés par ces questions, pourront obtenir des précisions en lisant le livre de Grazyna Fosar et Franz Bludorf, *Vernetzte Intelligenz. Die Natur geht online* (*L'intelligence en réseau. La nature se met en ligne*). Que l'on étudie particulièrement « l'effet fantôme » de l'ADN et « les domaines du vide » ! Ces deux phénomènes confirment des siècles de savoir spirituel – si ce n'est que ce savoir reçoit maintenant, de la part des savants russes, des noms scientifiques ronflants et techniques !

3

LES RÈGLES DU JEU ANTI-TRICHERIE

Nombre de personnes se compliquent la vie et oublient tous les petits trucs qui permettent de recevoir au mieux la livraison des commandes faites auprès de l'Univers, parce qu'elles pensent que ceux-ci ne sont pas très importants : elles oublient seulement d'être gentilles envers elles-mêmes, de façon ciblée et efficace. Parce qu'elles pensent que ce n'est pas très important. Parce qu'elles pensent qu'elles-mêmes ne sont pas très importantes, de toute façon. Mais elles voudraient bien quand même commander auprès de l'Univers. Peut-être que l'Univers, au moins, les considère comme importantes, même si ce n'est pas le cas pour elles-mêmes.

Eh bien, les lecteurs de cette sorte, je les ai épinglés. Ils sont semblables à moi, incroyablement semblables à moi ! Et, quelqu'un qui vous est apparenté par l'esprit et par l'âme, on le reconnaît aussitôt. Je sais exactement ce que vous pensez quand vous lisez mes petits conseils : « Oui, oui, cela est simple et tout à fait clair, je sais tout cela. Seuls les exemples de commande m'intéressent, et maintenant je commande aussi. »

C'est merveilleux. Mais ensuite, tout ce qui était simple et clair – tous les « mais je sais tout ça » –, on le laisse de côté, on le néglige, et l'on s'étonne qu'une commande ne marche que de temps en temps ou même, dans de rares cas, qu'aucune commande ne marche.

Est-ce que c'est ça ? C'est exactement comme ça, non ? Mais vous n'allez pas me filouter aussi simplement. Il me suffit de me souvenir de moi-même, de ce que j'étais autrefois et de ce que je suis encore parfois aujourd'hui, quand je trotte à travers la vie dans une sorte de rêve éveillé et peu consciente. Et, déjà, je sais très exactement là où je triche moi-même, de la même façon. Et c'est pourquoi arrive ici un cours de rafraîchissement, avec tous les trucs qui permettent de réclamer avec succès auprès de l'Univers.

En fin de compte, commander auprès de l'Univers ne signifie rien d'autre que de reconnaître que, par nos pensées, nous produisons la réalité. Chaque pensée est une semence qui a vocation à se réaliser. Étant donné que, généralement, nous passons nos journées à semer des graines à tort et à travers, en grandes quantités, seules les plus fortes sont gagnantes dans le quotidien, lors de la manifestation. Les mauvaises herbes poussent plus vite, c'est bien connu. Les mauvaises pensées se répandent aussi très vite dans notre cerveau.

Mais une commande claire auprès de l'Univers, effectuée dans une légèreté planante, peut, par sa qualité, vaincre les mauvaises herbes et produire des orchidées dans un coin écarté du jardin de l'âme.

À la longue, pourtant, les orchidées cessent de pousser dans les copeaux et la sciure (mauvaise terre végétale) ; il n'y pousse plus, à la rigueur, que des mauvaises herbes. Moi aussi, dans le passé, j'ai souffert de la croyance erronée qu'il était fatigant de préparer le terrain pour de belles plantes (c'est-à-dire de préparer une belle réalité). Je voudrais essayer, dans ce petit livre, de tordre le cou à cette fausse croyance, et de montrer que cela rend déjà heureux de soigner le bon terrain végétal dans son propre esprit ou dans son âme.

Et à peine est-on heureux – nous savons combien la vie est apparemment injuste – que l'on peut tout avoir. Maintenant qu'on n'en a plus besoin. Soupir de soulagement.

Mais je vous promets que c'est très simple – et, surtout, agréable. Il vous suffit d'essayer.

Un terrain végétal nutritif pour un bon contact avec l'Univers

Tout ce que je puis offrir ici, c'est de décrire MON terrain végétal pour une communication réussie avec l'Univers. LE MIEN. Mais je ne suis qu'*une* personne parmi des milliards d'autres sur cette planète. Le fait que je consigne les choses que je vis et les expériences que je fais ne me différencie aucunement des autres. Il ne distingue donc pas non plus mon expérience et ma voie. Ce n'est qu'un exemple qui doit servir d'inspiration. Elle ne peut ni ne veut être davantage (elle, ma voie, naturellement).

Beaucoup de religions nous ont enseigné, chacune à sa manière, qu'il y aurait une voie qui conviendrait à tous également et que nous devrions suivre avec précision pour être *ipso facto* illuminés comme leurs fondateurs.

Nous découvrons aujourd'hui, très lentement et très progressivement, que les voies de tous les maîtres spirituels étaient bonnes et belles, et sûrement très inspirantes, mais que chacun, voulant aussi atteindre le même but, doit trouver sa propre voie, sa voie individuelle.

Jésus a trouvé sa voie ; il ne s'est pas contenté de suivre Bouddha, sinon il ne serait pas arrivé à bon port. Aucun maître ne s'est contenté de suivre son propre maître. Chaque disciple d'un maître, fût-il le plus grand, a développé son propre style.

Et c'est pour cela que ça marche pour tous. Également pour des choses aussi simples que de commander auprès de l'Univers – ce pour quoi, définitivement, il n'est besoin d'aucune illumination. Il faut toutefois développer son propre style. Chacun de nous est déjà un maître en création, nous l'avons seulement oublié. Si nous voulons nous en souvenir, nous devrons nous reconnaître nous-mêmes et nous apprécier pour ce que nous sommes déjà.

Afin que personne, cette fois, ne rate le coche, il y a à la fin de ce petit livre un « test à faire soi-même pour les commandes auprès de l'Univers ». Afin qu'on cesse de tricher. Toutefois, le test n'est pas assorti d'une note. Mais tu remarqueras toi-même que certaines choses élèvent le taux de réussite, et que certaines autres le font baisser.

Le premier point du test pourrait par exemple être ainsi conçu : suis-je prêt à développer mon propre style dans la communication avec l'Univers, ou bien ne fais-je que tout répéter aveuglément sans me soucier de savoir si je ressens ces choses comme correctes aussi pour moi-même ?

Dans ce dernier cas, ta tâche pourrait consister à t'intérioriser davantage pour savoir quels sont les détails, formulations et moments de commande que tu ressens comme les meilleurs pour toi-même et pour lesquels tu te sens le plus fort, le plus clair et le plus satisfait. Alors, tu feras très exactement cela, même si ce devait être le contraire de ce que je propose. Car, en fin de compte, je sais seulement ce qui marche le mieux pour moi. Ce qui marche le mieux pour toi, tu es le seul à pouvoir le découvrir.

OK. Tu as compris les règles du jeu ? Celui qui triche, et ne fait que tout imiter sans interroger sa propre sagesse intérieure, devra rester à la traîne. Il attendra plus longtemps ses livraisons. Et qui voudrait cela en fin de compte ?

4
RÉCLAMATIONS GÉNÉRALES

En bien des points, le service de livraison universel se comporte comme le fait sur terre une maison de vente par correspondance. Supposons que tu commandes un pull-over à une maison de vente par correspondance, sur la terre, et que ce pull-over soit épuisé. Dans la plupart des cas, cette maison terrestre ne restera pas silencieuse sur cette commande, mais t'écrira une aimable lettre : « Cher client, malheureusement, le produit que vous nous avez commandé n'est pas disponible pour l'instant. Nous en poursuivons cependant la production et serons en mesure, à un certain moment, d'en reprendre la livraison. »

Ce que peut une maison terrestre de vente par correspondance, l'Univers le peut depuis longtemps. Si par conséquent tu attends une commande et que rien ne se passe, il est temps de faire une réclamation. Non pas pour passer une nouvelle commande, parce que premièrement cela ne sert à rien si le pull est en rupture de stock, et que deuxièmement on se sent de nouveau insignifiant : « Ah, encore une fois, personne n'aura trouvé ma commande suffisamment importante pour la traiter. J'essaie encore une fois, mais probablement que je serai encore trop insignifiant… »

Ici, une réclamation procure un tout autre sentiment. À savoir celui-ci : « J'ai commandé et j'ai le droit de savoir pourquoi rien ne se passe. »

Dans le premier cas, tu diffuses la pensée suivante : « Cela ne donnera rien » ; dans le second cas, celle-ci : « Cela ne peut être qu'une erreur et ça va arriver. »

Quand, avec entêtement, on exige toujours le meilleur de la vie, ça capitule le plus souvent à un certain moment, et on livre aussi le meilleur.

Donc, tu as maintenant réclamé, et on est peut-être en présence d'un cas spécial, où la livraison va sans doute se faire attendre encore un peu. Tu peux alors faire savoir à l'Univers que tu aimerais recevoir un signe pour savoir si la commande est bien arrivée et si elle est en cours de traitement.

Un signe, ce peut être n'importe quoi : un événement fortuit en rapport avec le thème de ta commande, ou tout ce que tu ressens ou commandes comme un signe. Une fois, je me suis commandé un signe en l'espace de quinze minutes, alors que je me rendais en taxi chez une amie (il s'agissait de l'aider à prendre une décision). Impossible de découvrir quoi que ce soit d'extraordinaire, jusqu'à ce que le chauffeur me demande dans quelle rue de la localité je voulais aller. Au moment où j'ouvrais la bouche pour annoncer « rue Beethoven », quelqu'un me devança en annonçant à la radio, au même instant,

« rue Beethoven ». Le speaker parlait certes du centre-ville (mon amie habite dans une banlieue de Munich), mais c'était un hasard amusant.

Sceptique comme je le suis fréquemment, je n'avais toujours pris aucune décision le lendemain. Et, comme le voulut le hasard, je me retrouvai dans la situation de devoir retourner en taxi chez la même amie. Je pensai : « OK, cher Univers. Si, par le signe d'hier, tu as vraiment voulu dire que je devais plutôt faire ceci que cela, envoie-moi, s'il te plaît, pendant le trajet, le même signe encore une fois. » Je l'avoue, je suis parfois un cas difficile, et je fus donc à peine étonnée que, parvenue à la porte de mon amie, je n'aie encore entendu aucune « rue Beethoven » à la radio. Mais, au moment où j'ouvrais la portière pour descendre, l'Univers prit le virage et « rue Beethoven » retentit dans le haut-parleur. Le chauffeur leva les yeux avec étonnement et ricana en haussant les épaules. Je pris sciemment la décision, et celle-ci se révéla ultérieurement comme correcte.

De la même façon, toi aussi tu peux te commander des signes – pour savoir si quelque chose est en cours de traitement, et si la livraison optimale prendra encore un peu de temps, ou si tu peux encore apporter une contribution pour accélérer le processus.

De tels débats avec l'Univers ont l'effet secondaire et l'avantage que l'on aiguise ses sens pour les voies de communication souvent très fantaisistes de l'Univers, et que l'on développe aussi son intuition. Cela peut encore vous servir en maint endroit dans la vie.

Quand tu fais une réclamation à l'Univers, il peut t'être utile de passer en revue toutes tes commandes antérieures. Quelles sont celles qui ont marché, et quelles sont celles qui n'ont pas marché ? Y a-t-il eu quelque chose qu'ont eu en commun toutes les commandes livrées, et y a-t-il eu quelque chose qu'ont eu en commun celles qui n'ont pas encore été livrées ? Se peut-il qu'il y ait eu ou qu'il y ait encore une différence en toi ? Peux-tu identifier quelque chose qui ressemble à une attitude intérieure différente en face des diverses commandes ?

J'interroge seulement. Cherche en toi-même. Si tu veux te mettre d'accord avec moi étant donné que c'est NOUS qui sommes responsables des circonstances de notre vie, il te suffit de découvrir comment tu as provoqué quoi, puis de transposer à ton avantage les connaissances recueillies. C'est pourtant simple, non ?

Peut-être, au cours de ce livre, te retrouveras-tu dans tel ou tel exemple, ce qui t'aidera également à avancer. C'est du moins ce que je te souhaite.

5
RÉCLAMATIONS CONCERNANT UN JOB

Enquêtons simplement sur les réclamations concrètes. Les réclamations concernant un emploi sont les plus fréquentes. C'est donc par elles que nous allons commencer.

Une lectrice m'écrit (elle avait lu *Univers & C°*) :

« Chère Bärbel,

Quand j'ai commencé à lire ton livre, je pensais que ma personne y était décrite. J'ai commencé mon emploi actuel il y a plus de dix ans. Les trois ou quatre premières années ont été assez difficiles. À 25 ans, juste après ma formation, j'ai lutté jour après jour contre les hiérarchies et les vieux. À un certain moment, j'ai constaté que ça n'apportait rien, dans ce pays, de vouloir changer ou améliorer quelque chose. On vit plus tranquille quand on parle aux vieux leur langage et qu'on accomplit son service selon les prescriptions.

J'avais certes parfois déjà des "pensées meurtrières" symboliques, mais elles restaient encore dans des limites acceptables. Mais depuis, il en fut chez nous comme dans un jardin d'enfants : des adultes qui ne se parlent plus, s'évitent, ne se saluent même plus le matin…

Comment peut-on alors, en tant que collaborateur, être motivé pour se rendre à son travail ? Le matin, quand je me lève, la seule pensée du bureau me donne la nausée…

L'insatisfaction au bureau m'a gratifiée de très beaux problèmes de santé. Certes, je "n'engloutis plus" de café au bureau, mais l'ambiance professionnelle et privée est ruinée. Actuellement, les choses sont telles que le seul organe qui fonctionne encore un peu en moi est mon cœur. Heureusement, j'ai trouvé un naturopathe qui essaie d'extraire les toxines de mes reins et de tous mes autres organes.

Mais, comme on le décrit aussi dans un livre, j'ai peur de repartir à zéro, peur des changements ; c'est qu'il est plus facile de rejeter la faute sur les autres, de se complaire dans la morosité.

Mais maintenant, je ne peux plus supporter cette situation. Je suis triste, aveulie, sans créativité, paresseuse, tout m'est difficile. J'ai le sentiment que la vie passe à côté de moi, que je n'en suis que la spectatrice en coulisse, une personne ennuyeuse, insignifiante, qui n'est plus bonne à rien.

Je changerais bien volontiers de profession, j'aimerais faire quelque chose de sensé, mais j'ai peur de commencer quelque chose de nouveau parce que je pense que, de toute façon, je ne suis rien de particulier, je ne peux pas être créative, etc. C'est pourquoi un redémarrage ne me réussira pas ; si je change d'emploi, je ne passerai pas, de toute façon, la période d'essai, etc. Après avoir lu ton livre, j'ai retrouvé un courage tout frais pour faire quelque chose de nouveau ; mais ce courage ne dure que deux jours, puis les inquiétudes reviennent, ainsi que les *mais* permanents ! Que dois-je faire ?

Lena »

Tout d'abord, je trouve déjà assez courageux, de la part de Lena, de décrire sa situation et ses sentiments aussi franchement et aussi prosaïquement. Et je voudrais l'en remercier. Comme je suis sûre qu'il existe un grand nombre de personnes ayant des réclamations dans le domaine professionnel, des réclamations qui s'y retrouvent très distinctement, j'ai reproduit sa lettre ici presque *in extenso* (je n'ai changé que le nom).

Commençons par regarder CE QUI NE VA PAS, pour ensuite envisager comment notre réclamation pourrait réussir :

Si tu te commandes ton job idéal, tu ne vois sûrement pas passer un palanquin en imagination (concernant Lena, je suis déjà certaine qu'elle sait cela, mais, pour mon illustration, je choisis volontiers des exemples exagérés), des porteurs qui viennent sonner à ta porte et qui t'expliquent qu'ils ont déjà résilié l'ancien job à ta place, qu'ils ont trouvé un nouveau job en un lieu de rêve, avec de gentils collègues et des conditions de travail idéales ; qu'ils sont prêts à t'y conduire pour peu que tu sois d'accord... Ou bien, non, laissons plutôt tomber cette histoire d'accord tacite. Les temporisateurs entêtés et ceux qui refusent les livraisons préfèrent dire *non,* parce que ce n'est pas le bon jour pour un événement heureux, astrologiquement parlant, et qu'ils flairent un piège ou quelque chose du genre.

Les porteurs du palanquin préfèrent donc nous emmener par la force et nous contraignent au bonheur. C'est la seule chose qui, chez beaucoup, puisse encore aider. Une fois que les porteurs nous ont donc traînés dans un palais énergétique et merveilleux (notre nouveau poste de travail), ils nous invitent à nous étendre sur des coussins parfumés, nous offrent des fruits frais et guident ensuite nos mains vers chaque opération de notre nouveau job (afin que nous ne nous sentions pas angoissés ou surmenés, même si nous maîtrisons la nouveauté). Au bout de quatre ou cinq heures, ils nous ramènent à la maison et nous paient le triple de ce que nous touchions jusque-là.

CE cas est relativement peu fréquent.

La variante suivante, qui n'est que légèrement modifiée, serait toutefois possible.

Une autre personne privée d'emploi, nommons-la Katia, commande un nouveau job auprès de l'Univers.

Elle a lu en outre que l'esprit présentait des similitudes avec un parachute : pour fonctionner, il doit être ouvert (Tom Kenyon).

Elle décide donc d'être ouverte à des solutions inhabituelles et traverse la vie l'œil vif, ouverte à toute bagatelle ludique. L'une des bagatelles apparemment insignifiantes du quotidien pourrait quand même l'aider à avancer, même si, vu la situation, on ne remarque pas tout de suite le potentiel qu'elle recèle.

« Quiconque commande auprès de l'Univers vit sans frontières », pense-t-elle. Car, dans ses commandes, elle n'a plus besoin de réfléchir à ce qu'elle peut encore faire ; la nouvelle question est la suivante : tient-elle l'Univers pour capable de l'aider dans son désir ? Et elle a décidé de l'en tenir pour capable.

Lors d'une manifestation de rue, son œil est attiré par un tordu qui distribue partout des noix. « Drôle d'oiseau », pense-t-elle. « Comment pourrais-je profiter de ces noix sans casse-noix ? Et d'ailleurs, quelle idée... » Mais elle ne peut s'empêcher de le suivre et de l'observer.

« Voyons un peu » ; ses yeux se dessillent. « Je ne vais pas être aussi sotte que Bärbel (c'est exactement ça) dans l'exemple de sa livraison ratée en provenance de l'Univers, celui qu'elle décrit dans l'un de ses livres ; je note au contraire que ce distributeur de noix a un message caché à mon intention, et je vais l'aborder maintenant. »

« Eh bien, sont-ce là les noix de votre propre jardin ? », elle lui demande. « Non, répond-il aimablement, je suis jardinier dans le nouvel hôtel d'à côté, et il y a aussi un noyer sur son terrain. »

Katia : « Un nouvel hôtel ? C'est intéressant... » Et elle apprend ainsi, dans le courant de la conversation, qu'on recherche déjà d'urgence, pour l'administration de l'hôtel, du personnel, mais qu'on a du mal à en trouver à cause de la situation quelque peu écartée de cet hôtel. Katia pense : « Cela pourrait bien être la livraison que l'Univers me fait de ma commande de job. S'ils cherchent quelqu'un de façon si urgente, alors je négocie sur la base de sept heures par jour, à mon salaire actuel, plus les frais de déplacement. Le trajet plus long ne me gênera pas, car je ne subirai aucune perte, ni en temps ni en argent. On peut toujours essayer. »

Dans l'instant, une voix chuchotante intérieure interrompt le cours réjouissant de ses pensées. Celle qui rejette les offres prend la parole et lui gronde dans l'oreille : « Mais il est sûr que tu n'y arriveras pas. Tu es beaucoup trop inexpérimentée, trop bête et trop peu attrayante, de toute façon. En outre, avec un nouvel hôtel, on ne sait jamais s'il tiendra le coup sur le marché. Que se passera-t-il s'ils font faillite tout de suite ? Alors, tu seras là sans travail ! »

Une chance que le bouffon intérieur ne soit pas endormi. Il se moque aussitôt de celle qui refuse d'accepter et lance un appel : « Et peut-être préféreras-tu informer l'Univers que tu annules ta commande de job et que, au lieu de cela, tu préfères cinq kilos de naphtaline pour mieux te protéger contre les mites – de préférence en t'emballant avec cette éternelle temporisatrice intérieure qui refuse d'accepter. »

Katia s'assoit alors, toute seule, sur un banc du bord de la route et s'adresse au bouffon intérieur : « Oui, bouffon, c'est gentil de vouloir me donner du courage, mais... (environ vingt *oui mais* s'ensuivent).

Le bouffon écoute tout avec patience et répond ensuite : « Je ne parle que de boules de naphtaline... »

Katia : « Je trouve cela trop superficiel. On peut quand même se tromper, et je voudrais, si possible, prendre le bon chemin, et non pas le mauvais ! »

Le bouffon : « Bon. Les arguments *oui mais* ne sont cependant pas le bon chemin pour prendre une décision. La voix de l'intuition ne connaît pas de *oui mais*. Au lieu de cela, fais à la maison un exercice de détente, jusqu'à ce que tu te sentes bien. Car qui est détendu n'éprouve aucune peur et se trouve ainsi libéré des pensées qui ne viennent que de la peur du changement.

« Ensuite, imagine-toi que tu restes dans ton job actuel et que tu ne tentes même pas un entretien d'embauche dans le nouvel hôtel. Maintenant, imagine que tu tentes une candidature. Avec quelle image intérieure te sens-tu le mieux ? Poser sa candidature ne signifie pas encore que l'on doive prendre le poste s'il ne vous a pas plu, ou si l'on a dans le ventre une sensation que le poste offert n'est pas le bon. Aborde la situation de façon un peu plus ludique, sinon tu ne pourras pas percevoir ton intuition. Tout est-il clair ? »

Katia : « Bon. Je peux au moins voir ce que donneraient des entretiens d'embauche. Je peux quand même faire ça, et je serai plus détendue quand arrivera le job de mes rêves. En outre, rester toujours dans le même emploi constitue aussi une forme d'insécurité, car mes capacités restent alors très unilatérales. Davantage d'expérience ne peut qu'améliorer ma valeur sur le marché du travail... » (Suivent dix autres bonnes raisons EN FAVEUR d'un nouveau job).

Le bouffon : « Adieu les belles boules de naphtaline... Mais dis-moi, puis-je encore te demander quelque chose ? »

Katia : « Oui, bien sûr, quoi donc ? »

Le bouffon : « Je suis peut-être un imbécile, mais j'ai l'impression que tes arguments contre une candidature sont tout aussi pertinents que tes raisons en sa faveur. Comment cela se peut-il ? Il doit bien y avoir une vérité objective » (le bouffon ricane intérieurement d'un air rusé).

Katia : « Picasso aurait dit une fois : "S'il n'y avait qu'une seule vérité, on ne pourrait pas peindre cent tableaux sur le même sujet". »

Le bouffon (avec une terreur feinte) : « Mais c'est affreux, comment peut-on s'orienter ? Qu'est-ce qui est faux et qu'est-ce qui est correct ? »

Katia (réfléchissant) : « Le mieux est sans doute que j'écoute tous les arguments, mais que je me fie à la sensation de mon ventre. »

Le bouffon : « Ah bon ! C'est une bonne chose que je t'aie interrogée. Merci ! » En pensée, il se dit à lui-même : « Enfin, elle a pigé ! » Et, s'adressant à celle qui refuse intérieurement : « Pas de chance, ma petite, j'ai gagné. » Et d'ajouter, offensé : «Je ne voulais que ton bien... »

Quelques exemples de réussite

Holger, mon co-animateur dans beaucoup de week-ends « joie de vivre », et Armin, un participant, ont commandé deux choses ensemble en mars 2000, lors d'un séminaire, choses qui devaient se réaliser dans le courant de l'année : a) devoir moins travailler ; b) toucher quand même davantage d'argent. Ils se sentaient tous deux surmenés et sous-payés. En conséquence, ils passèrent ensemble une nouvelle commande.

Armin est un bon vivant (dans le sens positif du terme) et, dès le mois de septembre, se retrouvait déjà à l'un de nos séminaires. Il se précipita sur Holger et voulut savoir comment ça avait marché pour lui. Il apparut que tous deux avaient investi un tiers en moins de temps de travail, et que pourtant ils avaient gagné un tiers en plus que précédemment. Un succès fou. (Depuis, l'un et l'autre ont encore passé des commandes « démesurées », mais l'histoire serait trop longue à raconter.)

La réussite attire la réussite, parce que les circuits énergétiques intérieurs se trouvent quasiment libérés du doute. En novembre, Armin était de nouveau à mon séminaire, et il nous raconta tout ce qu'il avait commandé dans l'entre-temps.

Dans son nouveau job de vendeur, où il était rémunéré à la commission, il atteignit une fois la fin du mois sans avoir réalisé suffisamment de chiffre d'affaires, mais il ne voulait pas harceler les clients. Il se commanda donc, pour le dernier samedi ouvrable, cinq clients vraiment intéressés. Le samedi arriva, et les cinq clients commandés lui apportèrent le reliquat de son chiffre d'affaires !

Une autre fois, une livraison urgente de marchandises, destinée à un client, traînait apparemment en longueur. Il commanda, en commun avec sa collègue, que la marchandise manquante soit livrée dans la nuit par le transporteur et que, s'il vous plaît, elle se trouve dans la cour au petit matin. Ce qu'elle fit. La collègue fut étonnée au plus au point, et le client très satisfait.

Ensuite, Armin se commanda un appartement favorable de 90 mètres carrés, avec deux salles de bains, et cela aussi lui fut livré rubis sur l'ongle. Dans l'ivresse des commandes, il pensait : « Pourquoi les vendeurs continuent-ils à travailler sur la base de commissions ? Peut-être l'Univers a-t-il pour moi, en stock, quelque chose de mieux encore ? Je vais demander. » Aussitôt dit, aussitôt fait. Peu de temps après, il reçut un coup de téléphone : on lui demandait s'il ne voulait pas devenir le premier président d'une société, avec un bon salaire s'entend.

« OK, arrête, Armin, dis-je à un certain moment. Tu nous rends tous jaloux. N'as-tu pas un truc personnel pour obtenir de tels succès ? » Ce truc, il l'avait aussi en réserve. À ce qu'il dit, depuis ses premières livraisons, il a le sentiment de se trouver dans une sorte de dialogue permanent avec l'Univers. Il est sans cesse à l'affût des signes venant d'en haut. Au fond, c'est comme de changer de vitesse dans une automobile. Il faut développer un certain doigté pour savoir quand changer de vitesse, quand freiner ; alors, le trajet s'effectue de façon optimale. Quand on développe le doigté nécessaire pour savoir quand, dans la vie, on doit changer de vitesse et freiner – et que, ce faisant, on écoute les conseils du dedans –, un petit paquet-cadeau vous est réservé à chaque coin de rue. La bénédiction, alors, ne s'arrête plus.

« Et qu'en est-il quand on s'est commandé un nouveau job, et que celui-ce se fait éternellement attendre ? »

« Eh bien, quand on se trouve en dialogue permanent avec l'Univers, on peut toujours interroger pour savoir ce qu'on fait mal. Alors, ils répondent aussi. Il suffit d'insister. Il se peut qu'ils ne répondent pas tout de suite directement mais, au prochain coin de rue, il y aura quelqu'un qui prononcera directement une phrase qui vous est précisément destinée. Surtout, ne jamais interrompre le dialogue, et ça marche. »

Si tu penses que ton cas est particulièrement difficile et que tes chances sont particulièrement minces, alors médite l'exemple suivant, que j'ai extrait du livre *Bouillon de poulet pour l'âme*, de Jack Canfield et Mark Victor Hansen.

Dans les bas quartiers de Baltimore, un professeur fit réaliser par ses étudiants des études de cas concernant 200 adolescents et leurs chances de s'en sortir dans l'avenir. Résultat : les étudiants ne voyaient, chez les 200 jeunes, aucune chance d'avenir professionnel d'aucune sorte. Ils supputaient qu'aucun des interrogés n'échapperait jamais aux bas quartiers. Vingt ans plus tard, un autre professeur envoya ses étudiants à la recherche de ces 200 habitants des bas quartiers pour vérifier ce qu'ils étaient effectivement devenus. 20 étaient partis sans laisser d'adresse ou morts, mais, sur les 180 restants, 176 avaient fait une carrière plus qu'extraordinaire comme avocats, médecins ou hommes d'affaires. Interrogés sur les causes de cet étonnant résultat, tous indiquèrent la même enseignante. Comme cette femme était toujours en vie, on l'interviewa pour savoir comment elle avait obtenu un pareil résultat. Elle répondit : « C'est très simple, j'aime tous ces jeunes. »

Ce que cette vieille femme avait donné à ces adolescents, tu peux aussi te le donner à toi-même. Aime-toi toi-même, et le contact avec ton guide intérieur s'améliorera sans cesse !

6

RÉCLAMATIONS CONCERNANT UN PARTENAIRE

Suppose que l'Univers, après que tu lui as passé commande du partenaire idéal, te livre quelqu'un qui te ressemble à peu près, qui vit comme toi, qui pense comme toi et qui est aussi à la page que toi. Que dirais-tu ?

Pars du principe que ton partenaire de rêve est semblable à toi. Comme toi, il vient de se commander son partenaire de rêve. Qu'est-ce qu'il va dire quand l'Univers lui livrera TA PERSONNE ? Il va crier *hourra* et envoyer mille lettres de remerciements à l'Univers – ou bien une réclamation ???

Avant de réclamer, parce que l'Univers ne t'a encore rien livré de convenable, demande-toi si ton partenaire idéal te commanderait toi, tel que tu es maintenant. Si c'est non, qu'est-ce que l'Univers pourrait alors livrer, en passant le monde entier au crible ? Un aveugle qui plus est sourd-muet, à moitié endormi, mal embouché et un raté total ? Et s'ils le livrent, le seul qui te voudrait, on peut penser que toi, tu ne voudrais pas de lui. Tu avais plutôt pensé à Claudia Schiffer ou à Brad Pitt.

Si, donc, tu es minable au point que tu ne voudrais pas qu'on te livre à toi-même, seuls tes parents, vraisemblablement, t'aiment tel que tu es ; et encore, sous bénéfice d'inventaire, et sans en être très heureux. Pour le reste, la conscience universelle, dont tout est fait, t'aime aussi. Étant donné que la conscience universelle n'a sans doute pas créé le monde, mais que le monde est advenu, tu peux être assuré de l'amour de ton *Soi* supérieur, en tout état de cause. Sur le plan humain, minable comme tu es, on peut penser que tu n'as plus que toi-même à aimer.

Tu trouves cela dur ? Mais qui est dur ? Toi-même, tu ne voudrais pas te voir livrer à toi-même tel que tu es. Si tu ne t'aimes pas, il n'existe aucune vraie relation partenariale idéale que l'Univers puisse te livrer. Car ils doivent d'abord te sauver de toi-même.

Quand ils ont réussi cela, et que tu t'aimes toi-même inconditionnellement, alors ils peuvent aussi te livrer en masse la crème des partenaires. Pas de problème.

En cas de réclamation concernant un partenaire, tu devrais donc en premier demander des nouvelles sur ce qui les empêche, là-haut, de te livrer rubis sur l'ongle le partenaire idéal.

« Oui, mais je m'aime moi-même, et pourtant ils ne me livrent pas… » Sont-ce des voix isolées que j'entends argumenter là dans cette direction ? Si tu t'aimes toi-même véritablement, où est le problème quand tu dois attendre seul un moment ? Tu devrais bien aller quand tu es avec toi-même !

« Non, je ne m'aime pas au point de me supporter moi-même... », diras-tu. Nous y sommes. Travaille à l'amour de toi-même et écoute les conseils qui viennent de l'intérieur, alors tu attireras automatiquement dans ta vie le partenaire idéal.

Voici, pour illustrer notre propos, quelques exemples positifs et quelques exemples négatifs.

Chaque fois, dans la vie, que mon amie Brigitte est insatisfaite ou décentrée, elle reçoit exactement, en matière de partenaires, ce qu'elle a inconsciemment commandé selon d'anciens modèles. Pensées et sentiments archaïques créent alors une réalité qu'elle ne choisirait pas délibérément dans le présent – si elle était consciente du processus. Dans de telles phases de sa vie, elle tombe sur des hommes dépendants de drogues, avec tendances à l'autodestruction, qui ont le même comportement que son père. Il arrive des choses qui sont presque identiques à celles qu'elle a vécues dans son enfance.

Il ne saurait être question ici de hasard. Au contraire, il s'agit d'un cas typique de commande automatique inconsciente. Naturellement, ce sont là aussi des partenaires qu'elle aime bien et auxquels elle repense volontiers à bien des égards en dépit de tous les problèmes, quand de nouveau tout a craqué définitivement, mais ce ne sont pas précisément des relations idéales. Non, non, on ne peut vraiment pas le dire.

Qu'est-ce qu'on fait dans un tel cas ? On fait comme d'habitude : on est plus gentil envers soi-même, on se détend, on se fait du bien à soi-même ou on médite. **La méditation peut casser les automatismes de la perception et des sentiments, activant ainsi l'expérience intense du présent. Et qui jouit du présent et l'aime bien est exempt de commandes erronées automatiques faites sur la base d'événements remontant à un lointain passé.**

Dans le cas d'un façonnage conscient de la réalité, et contrairement à la commande inconsciente ci-dessus, il peut se faire par exemple que l'on sente déjà « s'approcher » son nouveau partenaire, qu'on le « flaire » : à ce séminaire, ou à l'occasion de tel événement, il y aura quelqu'un avec qui je me sentirai diablement bien. C'est là le signe d'une prise de conscience et d'un état de veille intérieure, quand on peut déjà flairer les énergies qui viennent.

Pour Louise, une amie de Brigitte, il en fut en tout cas ainsi, après que sa dernière relation eut connu une fin abrupte. Cependant, elle ne faisait pas encore totalement confiance à son pressentiment ; en outre, cela aurait pu aussi n'être qu'une nouvelle connaissance, une gentille connaissance, qu'elle sentait s'approcher.

Au début du séminaire mentionné, elle annonça donc à ses connaissances et amis présents qu'elle envisageait un célibat d'au moins six mois, parce qu'elle voulait se purger des commandes erronées inconscientes.

Un jour plus tard, son ami hollandais l'aborda : « Louise, qu'en est-il de ton célibat ? Je t'ai vue baratiner ce type... »

Oui, en matière de célibat, il lui était arrivé quelque chose. Le « facteur perturbateur du célibat » et, deux heures seulement après avoir fait connaissance, ils avaient l'impression de se connaître depuis toujours ; peut-être même s'étaient-ils connus dans une vie antérieure, si ces choses-là existent. Ils avaient en tout cas l'impression nette de se revoir, bien qu'ils se fussent rencontrés pour la première fois en cette vie. Ils avaient aussi le sentiment qu'ils n'avaient pas besoin d'une relation parce que, de toute façon, ils en avaient déjà une. Le thème de leur relation était également clair, dès le début. Une seule chose était encore indécise, et ils en discutèrent au bout de six heures, soit il emménagerait chez elle, soit elle irait vivre chez lui.

Cependant, à un certain moment de leur vie, beaucoup de gens devraient se commander aussi la stabilité, ce qui ne m'est apparu à moi-même que tardivement dans ma vie. Car l'Univers ne peut rien pour ma personnalité. En haut, en effet, s'ils peuvent expédier les livraisons les plus folles, je suis la seule à pouvoir en tirer quelque chose de bon. Toutefois, je l'ai expérimenté, on peut manifestement se commander de nouveaux éléments de personnalité. Bien sûr, il faut faire cela soi-même, mais l'Univers livre les aides convenables, de sorte que cela se fait très simplement.

Le cas de Louise, par exemple, est aussi un bon truc. Quand, en effet, on se commande un partenaire avec lequel on a déjà eu une relation harmonieuse dans une autre vie (ou avec qui on se sent comme si cela avait été le cas), on s'épargne presque tout le travail d'élaboration autrement si souvent nécessaire. Car on s'est déjà exercé ensemble, et l'on connaît la solution par avance quand les problèmes se présentent. Cela peut être un bon tuyau pour ceux qui ont du retard à l'allumage et pour les paresseux, car tout le monde connaît de telles gens.

Un participant de mes séminaires est aussi un tel pro des commandes. Il se commanda sa nouvelle amie idéale, mais qui, s'il vous plaît, devait venir au même séminaire que lui afin qu'il fût en mesure d'y faire sa connaissance.

Donc, normalement, c'est là une commande « rapiécée » parce que l'on circonscrit ainsi beaucoup trop étroitement l'Univers. Peut-être que, là-haut, ils préféreraient te présenter ton partenaire idéal chez le marchand de sandwichs ou ailleurs. Fixer le lieu de la rencontre est une restriction beaucoup trop grande – c'est du moins ce que je pensais. Mais, pour le participant du séminaire en question, ce ne fut manifestement aucun problème.

Sa commande lui fut effectivement livrée lors de ce séminaire. La meilleure, c'est que sa nouvelle amie, si elle vint bien au séminaire, ne reconnut pas tout de suite en lui son nouvel ami (de telles choses peuvent arriver). En revanche, elle commanda – en enfreignant, comme lui, toutes les règles, détail horrible ! –, à l'occasion d'un jeu commun de commandes pendant le séminaire, de rencontrer son nouvel ami exactement trois semaines plus tard, le mercredi.

Une chose semblable est une catastrophe. Rien à redire aux limites de temps approximatives, mais mercredi dans trois semaines ? Quelle limitation brutale ! Le pauvre Univers, comment peuvent-ils aller chercher ça ? Apparemment, ils obtiennent tout. Ils sont parfois très créatifs, là-haut. En effet, ils ont fait téléphoner notre Roméo plusieurs fois au séminaire, en demandant la Juliette de notre exemple, et ils ont fait en sorte qu'il tombe chaque fois sur le répondeur. Ensuite, ils lui ont soufflé l'idée que ce serait quand même plus gentil de l'atteindre personnellement, empêchant ainsi qu'il ne se confiât à la bande magnétique. Jusqu'à ce que s'approchât le mercredi en question. Ce jour-là, précisément, il eut l'impulsion de parler à la bande magnétique, et elle fut naturellement des plus surprises que, justement le mercredi commandé, ce jeune homme aimable manifestât de l'intérêt pour elle...

Et maintenant, ils roucoulent, l'œil luisant et se tenant par la main, dans les parages. Ils ont déjà éclairci la question des enfants. D'abord, il n'en avait pas très envie, mais elle en voulait ; et ensuite, peut-être pas – ou en voudrait-elle quand même ? Après quelque négociation, il parvint au résultat que le mieux serait d'avoir tout de suite des jumeaux ou des triplés ; on aurait alors réglé la question d'un seul coup. Deux semaines plus tard, elle était enceinte de jumeaux.

Au cas où l'on décernerait un prix pour couronner le roi de la commande, Armin aurait certainement les meilleures chances.

Qu'est-ce que cette histoire nous apprend, relativement à nos réclamations ? L'Univers est en mesure d'effectuer les livraisons les plus embrouillées et les plus tordues. S'il ne livre pas, cela doit tenir à nous-mêmes. Nous devrions donc, dans notre réclamation, demander instamment des indications claires sur ce que nous devons changer à nous-mêmes, et en nous-mêmes.

Et, tant que nous n'avons pas notre réponse individuelle, nous sommes simplement plus gentils envers nous-mêmes, nous devenons à nous-mêmes notre propre partenaire de rêve et nous nous libérons des automatismes intérieurs en matière de pensées et de sentiments. Cela aide en tout cas.

Un détail important, dans l'action « amour de soi », c'est aussi d'avoir un cercle d'amis intact. Quand je me sens valorisée auprès de mes amis, et que je puis parler de tout avec eux, le partenaire me manque beaucoup moins. Et, dès que je ne me sens plus en état de manque, mais que j'éprouve une sensation de légèreté insouciante, l'Univers livre sans réticences !

On ne devrait jamais sous-estimer ce point. Imagine que tu sois seul au pôle Sud, dans un igloo géant, et qu'il n'y ait pas âme qui vive dans les parages. Tu entends alors des bruits suspects à l'extérieur. Comment te sens-tu ?

Imagine ensuite un second scénario : tu es de nouveau dans l'igloo géant, mais tu es entouré d'une centaine de bons amis et connaissances. Dehors, vous entendez de nouveau d'étranges bruits. Y a-t-il une différence entre la première et la seconde situation, du point de vue de ta vie affective ?

Il en va de même dans la vie. Sans amis, tu es instable et très facile à ébranler. Et, dans ta panique rampante, tu perçois très mal ton intuition, et tu trouves bien moins encore le chemin du partenaire idéal. Avec les amis adéquats, en revanche, tu rayonnes une paix intérieure beaucoup plus attractive, et aussi beaucoup de joie, de sorte que ton nouveau partenaire potentiel s'intéresse aussi beaucoup plus tôt à toi.

Si tu devais manquer à la fois d'un partenaire ET de bons amis, tu pourrais t'attacher tranquillement à te constituer des amitiés sûres et laisser à l'Univers le soin de te livrer, par-dessus le marché, le partenaire adéquat, au moment où tu t'y attends le moins. Ce serait la cerise sur le gâteau.

Si tu as déjà un partenaire, mais que c'est quelqu'un qui ne te fait pas de bien, le mieux pour toi est de commander à l'Univers que cette relation puisse trouver son potentiel maximal, quelle que soit la signification de ce processus. Laisse-toi surprendre. Et reste gentiment concentré sur toi-même. Il peut se faire que ton énergie augmente alors au point que l'autre se laisse élever par toi, énergétiquement parlant, et change. La seule chose que tu doives quasiment faire, c'est d'être toi-même de la façon la plus positive possible.

Ou bien la différence entre vous devient si manifeste que ton partenaire – si peu optimal – cherche de lui-même à prendre le large, et qu'une nouvelle relation t'attende, sur un plan plus constructif. Quoi qu'il advienne : commande-toi simplement que ce qui en sortira à la fin soit quelque chose de positif. Et le mieux est de te commander tout de suite un tas de signes qui te permettront de savoir que l'Univers t'écoute et qu'il est là.

7

RÉCLAMATIONS CONCERNANT LA SANTÉ

À ce propos, j'ai reçu la lettre d'une lectrice qui me demande de la diffuser, car elle voudrait bien, par son histoire, redonner à d'autres le courage d'accorder une chance aux forces invisibles de l'esprit et de l'Univers :

« Bonjour, Madame Mohr,

J'ai grand besoin, pour la raison suivante, de vous exprimer mes remerciements pour votre livre *The Cosmic ordering service*.

Le 9 mars 2000, mon mari (43 ans, non-fumeur, non-buveur, sans surpoids) eut un grave infarctus du myocarde qui nécessita plus de quarante minutes de réanimation. Les médecins, malheureusement, ne purent nous donner aucun espoir, car il tomba dans le coma et ne manifesta plus aucune réaction.

Pendant des heures, je restai assise à son chevet, tins sa main, le caressai et lui parlai. Chaque jour, je discutai avec les médecins dans l'espoir de recevoir une réponse positive telle que "votre mari survivra". Malheureusement, j'entendais toujours : "Nous ne pouvons pas nous prononcer, il faut attendre." Nos enfants, au nombre de trois, étaient totalement désespérés. Le 14 mars 2000, c'était mon anniversaire ; très attristée, j'étais assise au chevet de mon mari ; j'envoyai une oraison jaculatoire à Celui d'en haut. Rien ne se produisit.

Quand je revins le soir à la maison, il y avait dans notre boîte à lettres un petit paquet multicolore. Je déchirai l'emballage et trouvai un livre intitulé *The Cosmic ordering service*. Je le feuilletai brièvement, puis le mis de côté, car je suis (étais ?) réaliste et ne pouvais imaginer que ce livre fût en mesure de m'apporter une aide. Quelques jours passèrent – on était déjà au 20 mars 2000, l'état de mon mari était toujours aussi mauvais ; c'est alors que je pris ce livre en main, déjà couchée, et me mis à le lire... non, à le dévorer.

Très sceptique, mais en dépit de mon scepticisme, je commençai la nuit même à passer ma première commande. Je commandai que mon mari me reconnaisse et me comprenne. Quand, au matin du 21 mars 2000, je pénétrai dans le service de soins intensifs, mon mari ouvrit les yeux et je lui parlai. Je lui dis : "Michael, si tu me comprends, je t'en prie, cligne des yeux." Et mon mari cligna des yeux comme un sauvage. Je pouvais à peine croire ce que je vivais là. Avais-je seulement rêvé, ou bien mes nerfs étaient-ils si fatigués ? Je ne savais plus où j'en étais.

Pour me prouver que je ne divaguais pas, je passai de nouvelles commandes dans la nuit qui suivit.

Je commandai que mon mari me parle. Ma commande me fut promptement livrée le matin suivant, et mon mari parla, bien qu'intubé : "Je t'aime." Heureuse, je courus vers les médecins pour leur annoncer la nouvelle. L'un des médecins me prit à part et me dit : "Madame P., vous avez passé des semaines difficiles, il ne peut se faire que votre mari vous ait parlé, dois-je vous injecter un tranquillisant ?" Je ne pus malheureusement pas convaincre le médecin, ce jour-là, que mon mari pouvait parler, mais cela continua.

Ragaillardie, je commandai alors chaque soir quelque chose pour le rétablissement de mon mari. Je commandai qu'il me pressât la main, qu'il bougeât les pieds, etc. Toutes mes commandes me furent livrées dans les douze ou vingt-quatre heures. Maintenant, les médecins pouvaient admettre que mon mari remontait la pente. Il se remit relativement bien et, bientôt, put être transféré dans une chambre ordinaire. Un neurologue me confia qu'il avait examiné à fond mon mari et qu'il était parvenu à la conclusion que mon époux avait gardé de graves séquelles cérébrales de sa longue réanimation.

Quand je lui dis que cela ne pouvait être le cas, que je connaissais mon mari, il devint très sévère avec moi, s'interdit d'entendre de telles déclarations de ma part, parce que c'était lui le médecin et qu'il avait souvent rencontré des cas semblables.

Bon. Je ne me laissai pas égarer et continuai de passer des commandes. Je commandai que mon mari n'eût pas désappris la lecture. Le lendemain, je lui apportai un journal, et il se mit à le lire. Comme une folle, je courus à travers l'hôpital pour annoncer à qui voulait m'entendre que mon mari n'avait rien perdu de son intelligence. Cela continua ainsi, mon mari recommença à marcher, à manger – ce qu'il n'avait pas fait depuis près de quatre semaines ; il lisait, regardait la télévision, se lavait lui-même, s'habillait, vaquait à toutes les choses que fait un homme normal.

Un médecin me dit que c'était la première fois, en ses douze ans de carrière, qu'il voyait se remettre une personne ayant eu un tableau clinique aussi grave.

Le 11 mai 2000, mon mari pouvait quitter l'hôpital, et il est si bien rétabli aujourd'hui qu'il peut déjà accomplir pendant des heures son activité professionnelle, être un papa plein d'amour pour ses enfants et un époux merveilleux. Aujourd'hui, nous avons du mal à réaliser l'étendue de notre grand bonheur, et toute personne à qui je raconte cette histoire secoue la tête avec incrédulité.

Je suis maintenant fermement convaincue qu'il existe une puissance supérieure. Mais je ne sais s'il s'agit de Dieu, de l'Univers, ou de..., ou de... Une chose est sûre, toutefois, c'est que je suis infiniment reconnaissante d'avoir reçu ce livre en cadeau. Il nous a donné, à moi et à nos enfants, la force dont nous avions besoin pour surmonter ce coup du sort. Je me réjouirais, Madame Mohr, si cette histoire pouvait redonner à d'autres personnes, à d'autres lecteurs, courage et espérance.

Avec mes salutations amicales.

T. P. »

Je suis sans voix quand je considère les grands miracles déclenchés chez maintes gens par les petits miracles qui m'arrivent en toute innocence, et je me réjouis énormément quand ces gens m'écrivent pour me raconter leur histoire.

Je me demande si je n'ai pas une sorte d'emploi de secrétaire auprès de l'Univers. Quelqu'un, là-haut, semble trouver que nous autres, en bas, devons progresser en matière de créativité, de prise de responsabilité, et que nous ne devons pas compliquer les choses, vu que ce n'est nullement nécessaire.

Puis ils ont repéré où, sur terre, ils trouvent quelques personnes simples et un peu paresseuses, mais aimant écrire, et ils leur ont inspiré deux ou trois idées fondamentales et les ont laissé écrire. Et je suis l'une d'entre elles, qui ont capté les vibrations de « Cela doit être simple, et l'Univers t'aide, même quand tu procèdes de façon profane » et mettent ces vibrations en mots.

Chez quelques lecteurs, apparemment, quelque chose passe dans ou entre les lignes, quelque chose qui éveille la compréhension de cette énergie qu'ils ont en eux, et ils l'utilisent parfois d'une manière incroyable.

Supposons que tu aies un problème de santé et que, chez toi, un tel miracle ne se soit pas encore produit. Qu'est-ce que tu peux écrire dans ta réclamation à l'Univers ? Peut-être que ta première commande devrait concerner « la paix avec la réalité des choses telles qu'elles sont ».

Byron Katie, l'inventeur de « The Work », une technique très simple d'auto-exploration qui aide à conclure la paix avec la réalité telle qu'elle est, voit par exemple les choses de la façon suivante : « Beaucoup de gens vivent en un an ou en cinq ans plus de belles choses que d'autres en toute une vie. Si tu as une tumeur, cette tumeur est ton gourou. Elle veut te dire : « Vis heureux MAINTENANT ! »

« Tout ce que tu veux vraiment dans la vie, c'est d'être heureux MAINTENANT. Tu peux avoir cela si tu modifies ta façon de penser. Personne ne te contraint à être malheureux à cause d'une tumeur. Cela résonne pour beaucoup comme une pensée radicale, mais la vérité est que c'est la pensée – et non pas la tumeur – qui cause le malheur ! »

À une femme grosse, Byron Katie a dit un jour : « Un problème, pour nous, est souvent d'"être autrement" que les autres. Si tout le monde était gros, notre pensée condamnerait moins cet état de fait. Notre pensée condamne l'individualité, elle veut être comme tous les autres. **Mais être comme tous les autres empêche de vivre le bonheur !** »

Après cette dernière phrase, il conviendrait peut-être de faire une pause de lecture, de s'adosser dans son fauteuil et de réfléchir à ce que notre propre vie signifie pour nous.

C'est toujours quand tu n'as besoin de rien que les commandes fonctionnent le plus parfaitement et, quand il s'agit de maladies, il est des plus difficiles – et, en même temps, des plus importants – de développer le sentiment de n'avoir besoin de rien et de faire la paix « avec ce qui est ».

Les miracles sont toujours possibles quand on est en mesure de puiser la force dans l'instant et de ne pas rester accroché, par la pensée, dans le passé ou dans l'avenir. Cela ne réussit que dans l'état de paix intérieure.

Que même une grave paralysie puisse disparaître d'un instant à l'autre, c'est ce que montre le cas du petit Francis Pascal. À l'âge de 3 ans, il contracta une méningite dont il sortit aveugle et partiellement paralysé. Un an plus tard, à 4 ans, après deux immersions dans la grotte de Lourdes, il fut, sur-le-champ, totalement guéri.

De telles choses n'arrivent pas seulement à Lourdes, mais aussi chez Sri Sathya Sai Baba, dans un ashram indien, chez le guérisseur Stephen Turoff, à Londres (il traite actuellement 300 patients par jour), chez le Dr Fritz, au Brésil, et dans les lieux les plus divers de la terre, chaque année, chaque mois et probablement même chaque jour au moins une fois quelque part dans le monde.

Que TU sois l'un ou l'une de ceux qui trouvent accès à cette force et à cette énergie, personne ne peut te le dire, à l'exception justement de cette force qui est à l'intérieur de toi, c'est-à-dire de l'Univers personnellement. Quand nous sommes en mesure de nous ouvrir suffisamment à une telle énergie, les miracles peuvent se produire.

La paix intérieure m'ouvre des possibilités ; la frustration, la colère et l'amertume me ferment les possibilités. Essaye ce qui suit, en plein hiver par –10 degrés : quand tu te tends fortement et que tu te recroquevilles intérieurement, tu n'as pas plus chaud, au contraire. Fais donc une pause, détends-toi et fais comme s'il faisait très chaud, comme si tu étais réchauffé par une énergie venant de tout l'Univers et qui se concentrerait sur toi. Comme le froid n'est pas une maladie dangereuse, et que tu peux à tout moment cesser l'exercice, on peut penser que tu le réussiras très bien, au moins pour un court instant, et tu remarqueras comme la sensation de froid disparaît, comme tu te sens beaucoup mieux dans un état énergétiquement ouvert, comme tu as plus chaud que quand tu te tends. L'art consiste à rester ouvert à l'afflux d'énergie, même quand le nez gèle et devient rouge.

Maintenant, quand tu commandes la guérison auprès de l'Univers, il est hautement probable que la guérison ne viendra de la force de l'Univers que dans de rares cas, comme dans l'exemple de la lettre de lecteur. Mais peut-être que, dans les semaines qui suivent, tu te sentiras particulièrement sollicité par un mode de guérison déterminé, et c'est cela qui pourra t'aider à t'en sortir.

Si cela ne marche pas tout de suite, tu peux te commander un contact avec des personnes chez lesquelles cela a déjà fonctionné, de manière que ta confiance soit renforcée. Tu peux aussi commander des indications qui t'expliqueront pourquoi cela n'a pas encore fonctionné ; tu peux commander la paix dans ta situation, et des idées qui te permettent de rester heureux malgré tout.

Et qui parvient à la fin de sa vie pourra commander un contact renforcé avec ses guides spirituels, de manière à se sentir protégé, avoir un bon ami à ses côtés.

Pour chaque difficulté surmontée, tu peux te commander un bonus et une surprise positive. Le service des réclamations livre volontiers cela, à chaque instant ; surtout, c'est plus facile et cela fonctionne aussi chez les débutants et chez les sceptiques.

Quand tu te sentiras un peu tranquillisé, tu pourras encore étudier toutes sortes de guérisons miraculeuses et, avec un courage ragaillardi, trouver ton propre accès à ton miracle personnel.

Cet accès est un don, car, en fin de compte, nous formons tous un grand tout. Nous sommes de purs électrons qui gravitons autour de noyaux atomiques et dont les énergies et les vibrations interfèrent. Les limites apparentes – « je suis ici et tu commences là » – sont plutôt une illusion d'optique qui nous trompe. En réalité, tout interfère et tout s'influence ; tout est *un* et relié.

Si seulement l'un d'entre nous peut vivre une guérison miraculeuse, alors, fondamentalement, chacun en a le potentiel. Car ou bien nous l'avons tous, ou bien aucun ne l'a. Il ne peut en être autrement, parce que, en vérité, nous sommes tous *un*.

8

LIMITES DES LIVRAISONS

Y a-t-il des limites de livraison à nos commandes et, dans l'affirmative, où ces limites se situent-elles ? Si le monde est ce que nous pensons de lui, tout devrait être possible en définitive.

En définitive, certes, mais, précisément, nous ne sommes pas « en définitive » ; nous sommes « au beau milieu ». Et il semblerait qu'il y ait, dans notre réalité, quelque chose qui ressemble à des règles du jeu communes, sur lesquelles nous nous sommes mis d'accord. Ces règles du jeu, certes, nous les déplaçons et les modifions constamment, car les phénomènes paranormaux de toutes sortes se multiplient. En dresser ici la liste dépasserait le volume du présent livre.

Mais, en dépit de l'augmentation de tels phénomènes, il y a des choses qui sont tellement en dehors des limites qu'elles devraient être, pour le moins, très difficiles à commander.

Je doute par exemple qu'il soit possible de commander que, dorénavant, tous les nez poussent par-derrière.

De même, la commande « je voudrais devenir reine de France » devrait avoir ses limites naturelles. Je pourrais encore devenir « reine du Vin » ou « reine du Carnaval » mais, pour le moment, ce serait un maximum !

La collaboration efficace à la paix mondiale, pour un individu, constitue en revanche aussi peu une limite que – pour de nombreux hommes sur la Terre – entreprendre quelque chose contre la faim et la pauvreté.

De même, des rapports circonstanciés sur ces questions feraient exploser les limites de ce « guide des réclamations ». Les personnes à la recherche d'inspiration pourront regarder ma vidéo *Herzenswünsche selbst erfüllen* (*Satisfaire soi-même les désirs du cœur*). Dans sa seconde partie, par exemple, on présente et on interroge le Pr Muhammad Yunus, que j'ai déjà mentionné dans l'un de mes livres. Grâce à des micro-crédits, il aide des personnes totalement démunies, au Bangladesh, à échapper à la pauvreté et à se construire une maison au lieu de continuer à se couvrir la nuit avec des journaux. 10 millions de familles ont ainsi pu échapper à la pauvreté jusqu'ici grâce à ses mini-crédits. Il a fondé sa « banque pour les pauvres » avec un capital de départ de seulement 27 dollars.

Dan Carlson est un autre exemple de la manière dont agissent beaucoup d'individus isolés et des idées généreuses qu'ils peuvent solliciter auprès de l'Univers. Il eut une intuition qui paraissait folle et qui le conduisit à inventer un moyen de lutter contre la faim dans les régions au sol aride. Sa thérapie sonore destinée aux plantes fait pousser celles-ci plus vite ; en outre, elles deviennent plus grosses et plus nutritives.

Marshall Rosenberg, troisième homme à collaborer, en tant qu'individu, à des objectifs mondiaux, contribue très efficacement à la paix dans le monde. Il existe déjà en Israël 300 centres d'entraînement à la « communication non violente » inventée par lui, où des enfants israéliens et palestiniens apprennent ensemble des voies communes, ludiques et pacifiques, de vie sociale. Sa vision est que ces enfants, quand ils seront grands, refuseront de se battre les uns contre les autres, comme l'ont fait leurs pères.

Marshall est aussi l'un de ces hommes qui refusent d'accomplir leur travail avec un entêtement bestial et sur la base d'un entraînement forcené ; c'est tout le contraire. Avec des idées amusantes et des symboles enfantins, il entraîne sans se gêner même les services gouvernementaux, et les participants écoutent avec recueillement quand il enseigne son modèle de communication non violente avec ses marionnettes et sa guitare.

Dans le chapitre « Le langage de la girafe », vous en apprendrez plus sur son travail et aussi sur son « truc personnel » pour bien accumuler l'énergie et pour se fortifier.

9

REFUS D'ACCEPTATION

Un cas classique est le suivant : le service de commande cosmique effectue la livraison ; le livreur se tient, le paquet à la main, auprès du client ; celui-ci jette un coup d'œil dégoûté sur le livreur (qui ne correspond par à l'image qu'on se fait d'un messager céleste), tourne les talons et s'en va. Cas typique de refus d'acceptation.

Aujourd'hui encore, il m'arrive assez souvent d'agir ainsi ; il me faut toujours beaucoup de temps pour piger. Je sais pourtant que l'Univers, quand il veut me livrer quelque chose, le fait en attirant l'attention sur lui par une bagatelle quelconque ; quand je prends en compte cette bagatelle, je constate que l'une de mes livraisons se cache derrière.

Or, il existe plusieurs possibilités pour attirer l'attention de quelqu'un : soit au moyen de quelque chose de particulièrement beau, de particulièrement agréable, de manière qu'on se sente tout de suite attiré ; soit par quelque chose de particulièrement négatif, de particulièrement biaisé, qui fait qu'on n'a pas envie d'en voir davantage. Les choses qui ne vous disent rien, vous ne les voyez pas, tout simplement, c'est comme si elles n'existaient pas. Elles n'éveillent en vous aucune attention.

Voici un exemple concret : je me trouvais dans une ville étrangère, à la gare, et la voiture qui devait venir me chercher n'était pas là. Non seulement je n'avais aucune idée de l'endroit où pouvait se trouver mon hôtel, mais j'en avais oublié le nom et le dépliant à la maison. Que faire ? À côté de moi se tenait une femme qui, au premier coup d'œil, me parut des plus antipathique. Je trouvais qu'elle était habillée en dépit du bon sens, qu'elle paraissait totalement cinglée, et qu'elle en était fière. Si je n'avais pas été intérieurement stressée, je l'aurais peut-être trouvée originale ; mais, telle qu'elle était, je la trouvais affreuse.

Je m'étais commandé auprès de l'Univers un signe quelconque qui me permît de me remémorer le nom de l'hôtel et j'abordais les gens pour leur demander s'ils connaissaient des hôtels dans la ville. Naturellement, personne ne fut en mesure de m'aider. À un certain moment, j'eus une lueur : qui m'a d'abord frappée, ici, et le plus distinctement ? C'est précisément cette personne que je dois aborder. Aussitôt dit, aussitôt fait. Et comment aurait-il pu en être autrement ? L'horrible personne se rendait à la même manifestation que moi, et par conséquent aussi dans le même hôtel. J'ai même pu être véhiculée par les personnes qui étaient venues la chercher. Ouf, j'ai pu attraper la livraison juste avant qu'elle ne s'esquive.

Un mien ami se commanda une occasion de faire la connaissance d'une certaine femme qu'il avait vue dans son café favori. Il rencontra cette même femme encore trois fois ; une fois, même, elle était seule. Malheureusement, il n'osa pas entreprendre quoi que ce soit, ni même l'aborder.

Cela me rappelle un épisode que j'ai moi-même vécu. Je participais à une manifestation de 300 personnes et voulais demander quelque chose, personnellement, à l'orateur ; l'Univers et l'orateur semblaient avoir partie liée, car je le trouvai constamment sur mon chemin sans que j'eusse fait le moindre effort pour le suivre.

Au bar, il se retrouva soudain à côté de moi et nous attendîmes ensemble que le moment opportun fût venu. Si quelqu'un pense que j'ai fini par l'aborder, il se trompe. En effet, je pensais à ce moment-là : « Le pauvre homme, sûrement qu'il est terriblement énervé d'être constamment harcelé à propos de tout. Mieux vaut que je me tienne tranquille. »

Une telle situation, tout comme celle de mon ami, ne peut guère être qualifiée d'occasion manquée ; il s'agit plutôt d'une occasion différée.

Si j'avais essayé de joindre l'homme, et que le « hasard » ait voulu que ça ne marche jamais, c'eût plutôt été un signe que je devais le laisser tranquille. Mais l'Univers l'a placé près de moi, silencieux, pendant au moins trois minutes, et moi, petite gourde, je n'ai rien dit. Incroyable !

Mais je voudrais citer encore un exemple d'acceptation réussie de livraison. Un autre ami à moi, dans l'éclat de ses 23 ans, était dans une discothèque et vit une jeune femme qui lui plut. Il remarqua qu'elle se tripotait la lèvre inférieure et qu'elle avait manifestement perdu la petite boule de son piercing, car elle scrutait la piste de danse alentour.

L'ami en question identifia immédiatement sa chance et se commanda en pensée, auprès de l'Univers, l'opportunité de retrouver au plus vite la petite boule, car il aurait alors une bonne raison pour l'aborder. Il ferma les yeux, se détendit et essaya de ne plus s'accrocher aux pensées qui lui venaient, mais de simplement les laisser filer (il écartait ainsi sa raison consciente, qui de toute façon était impropre à lui faire trouver la petite boule par la logique). Il avait entendu dire par ma bouche qu'il pouvait être judicieux, en de tels instants, de commander le « lâcher-prise » et, dans un état d'évidence enfantine, de s'en remettre aux forces de l'Univers (« lâcher-prise », par opposition à la rumination cérébrale, soucieuse et anxieuse).

Dès qu'il se sentit complètement relaxé et libéré de tout désir obsessionnel et compulsif, il ouvrit les yeux et vit, à l'autre bout de la piste de danse, quelque chose qui brillait. Il se précipita dessus et… naturellement, c'était la petite boule perdue. Sa nouvelle connaissance se réjouit immensément lorsqu'il la lui rapporta.

Une autre forme de refus d'acceptation consiste à se cramponner à des mauvaises humeurs et à des problèmes liés au passé. Je me suis récemment entretenue avec l'ami de 23 ans dont il est question dans l'exemple précédent et j'en ai conclu que parfois, dans la vie, je suis joliment masochiste. Il y a peu de temps, j'étais assise sur une montagne avec mon formidable et doux partenaire, et je jouissais du paysage, quand soudain quelqu'un passa qui me rappela un ex-ami avec lequel je m'étais souvent disputée. Aussitôt, je gâtai mon humeur actuelle et mon paysage en ruminant mes vieilles querelles, et je me sentis terriblement irritée.

« C'est vrai, me dit mon ami de 23 ans, moi aussi je convoque assez souvent mon ex-amie mentalement pour me gâcher la vie par de mauvaises pensées… »

Et nous en arrivons ici aux refus d'acceptation. Imaginons que, dans une telle humeur, deux occasions nous soient offertes. L'une nous conduirait à revivre de vieux problèmes, l'autre nous livrerait ce que nous désirons. Du fait de notre résonance intérieure momentanée, nous nous sentirons magiquement attirés par la plus mauvaise occasion, et l'autre, nous la remarquerons à peine ; l'Univers se met en quatre pour nous combler et pour nous livrer une belle vie – et que faisons-nous ? Nous gaspillons notre temps en jérémiades et en pensées négatives, et nous ratons les commandes parce que nous sommes occupés à nous irriter à propos de je ne sais quelles bêtises.

Avec un autre de mes amis, qui avait 87 ans (il est aujourd'hui décédé) et pratiquait encore à cet âge les médecines naturelles, j'ai souvent testé les répercussions des diverses qualités de pensées. Il testait les allergies et les tolérances alimentaires au moyen du réflexe de l'appendice auriculaire. Le patient prend en main la substance à tester, et le médecin place un filtre polarisant devant son troisième œil (point situé entre les sourcils). Le champ énergétique de l'homme se trouve à la verticale quand nous sommes en bonne santé mentale, spirituelle et physique. Plus nous sommes malades – *ou bien* plus une substance agit négativement sur notre corps –, plus notre champ énergétique est déséquilibré et bascule en direction de l'horizontale. Si maintenant on tient le filtre polarisant (qui ne laisse passer la lumière que dans une direction) devant le troisième œil et si on le fait tourner lentement, il se produit à un certain moment une déviation de l'impulsion, et c'est à cela que l'on reconnaît que le champ énergétique ondulatoire émanant du troisième œil peut traverser le filtre. Au vu de l'inclinaison du filtre, on sait alors l'importance de l'écart par rapport à l'état de santé parfait.

Lors de ces tests, j'ai pris en main un poison (un puissant pesticide par exemple), et nous avons testé de combien ma verticale énergétique bascule ; 50 degrés d'inclinaison n'étaient pas une rareté avec de tels poisons. Et puis, nous avons essayé un truc. Je gardais le poison en main, mais en même temps je pensais à l'une des plus belles situations que j'eusse vécues. Et mon inclinaison se fixait maintenant à 5 degrés, ce qui était alors ma valeur de base. Zéro eût été la valeur optimale, mais celle-ci n'apparaît que très rarement.

Au fil du temps, nous effectuâmes le test avec les choses les plus folles. Parfois, je me représentais simplement qu'une grande quantité de lumière pénétrait dans mon corps, ou bien qu'un manteau protecteur de lumière se formait autour de moi. Presque toujours, de telles pensées avaient pour conséquence que le poison n'avait plus d'effet sur l'inclinaison de mon champ énergétique.

Nous avons aussi expérimenté avec toutes les substances et avec tous les symboles possibles, et fait des tests spéciaux quand j'étais enrhumée. Parfois, nous nous asseyions au bord du lac et discutions de nouvelles variantes de test. Mais les résultats étaient toujours les mêmes : quand je vais bien et suis d'humeur positive, les influences environnementales nocives ont moins de prise sur moi. Mais, quand je suis en mauvaise forme et que je me représente un manteau protecteur de lumière, celui-ci n'a plus qu'une action très réduite. Ma mauvaise humeur est alors manifestement comme un trou noir qui dévore la lumière, et je ne produis plus suffisamment de force pour maintenir mon champ à la verticale.

Se contenter de réciter mentalement « je me représente la lumière autour de moi » n'est que de peu d'utilité dans un tel cas (parfois un peu utile, mais cela ne va pas loin). Il faut que je contribue à améliorer mon humeur et, dans une telle opération, constructions mentales et pure pensée positive n'aident guère, ou même pas du tout. Dans des cas semblables, je me suis alors assise un moment dans la nature ou au bord du lac, j'ai médité et je me suis commandé auprès de l'Univers une autre perspective et le réveil de la joie en moi. Dans un état détendu et ouvert, je pouvais alors modifier globalement mon humeur, et je me sentais mieux de nouveau.

Ensuite, cela marchait bien avec la représentation de la lumière. Même quand mon humeur n'était pas encore totalement joyeuse, cet état suffisait pour sentir de nouveau peu à peu ce que je sais profondément en moi, à savoir que le ciel est toujours bleu derrière les nuages.

Résultat : la pensée positive, à elle seule, ne suffit pas. Nous devons nous ouvrir à une vision de la vie dans laquelle nous sommes dans une véritable paix intérieure avec tout ce qui *est* – une vision dans laquelle nous dirigeons toute notre perception sur le beau, et non sur les problèmes.

Mais, heureusement, il est très facile, et de surcroît agréable, d'atteindre cet objectif : il suffit en effet d'être plus gentil avec soi-même ! Quand je me fais sciemment du bien à moi-même, dans le présent, je dissous tous les sentiments et perceptions automatiques, et je suis ouverte à la nouveauté et aux belles livraisons.

Par « se faire du bien à soi-même », j'entends du bien pour les sens, pour le vécu et la sensibilité, grâce à des joies que l'on retire de l'intimité humaine, de la méditation, de la détente, de séjours dans la nature. Je n'entends sûrement pas se faire du bien au sens d'achats compulsifs de frustration ou d'abus de télévision, parce que l'on n'a rien du mieux à faire. Cela n'apporte rien.

Le seul piège, en l'occurrence, serait d'être trop paresseux pour être gentil avec soi-même et, au lieu de cela, de s'adonner à de longues rêveries diurnes négatives. Car alors ces rêvasseries produiraient une commande négative inconsciente, et notre paquet-cadeau serait renvoyé à l'Univers avec la mention « acceptation refusée ».

Par conséquent : sois toujours gentil avec toi-même et sens ce qui te fait vraiment du bien.

10

CONDITIONS DE LIVRAISON (IMPRIMÉES EN PETITS CARACTÈRES)

Même dans les relations avec l'Univers, il n'est pas tout à fait inutile de lire ce qui est écrit en petits caractères dans les conditions de livraison. Si la condition de livraison de l'Univers est que mes pensées et mes sentiments créent la réalité, alors les jeunes, là-haut, prennent la chose au sérieux.

Avec 100 pensées négatives ou davantage (sur les 50 000 pensées que j'ai chaque jour en moyenne), j'annule à un certain moment une commande positive, car les pensées négatives se transforment – tout autant que les positives – en commande. En réalité, pas complètement. Car, pour notre bonheur, la vie a incorporé dans ce système une sorte d'amortisseur d'autoprotection. Les pensées positives ont une puissante force d'intégration et se réalisent plutôt directement quand elles sont conçues et exprimées avec naïveté, luminosité et légèreté, avec une évidence enfantine.

Les peurs, les soucis, les craintes et les doutes, en revanche, sont en général plutôt désordonnés, vaseux et dépourvus de force. Ils ne brillent pas, ont peu de lumière, et par conséquent ont peu de puissance pour se convertir dans la matière. Car la lumière, en effet – c'est du moins la façon dont Aïvanhov et beaucoup de mystiques voient les choses –, est la composante fondamentale dans la création de la réalité. C'est pourquoi, au début, les sombres pensées ne font rien d'autre que de nous montrer maladivement de vilaines choses, même dans les meilleures situations ; c'est seulement à la suite de répétitions prolongées et perturbatrices qu'elles créent leur propre réalité. Mais, pour l'essentiel, elles ne créent rien du tout ; le problème réside dans le fait que nous sommes alors livrés à nos anciennes empreintes, qui se perpétuent d'elles-mêmes tant que, sciemment, nous n'entreprenons rien à leur encontre.

La lumière est le matériau de construction à partir duquel la réalité naît. Une pensée positive lumineuse est par conséquent constituée de beaucoup de briques, alors qu'une pensée morose n'en comporte que très peu. C'est une chance pour nous, car c'est précisément pour cette raison que les commandes fonctionnent auprès de l'Univers d'autant mieux que nous laissons briller notre propre lumière et que nous sommes gentils avec nous-mêmes.

Dans les petits caractères, il y a un point qui s'appelle « besoin d'action ». Et cela est écrit en toutes lettres dans les conditions universelles de livraison : plus ton intuition est mauvaise, plus il te faut agir pour obtenir quelque chose.

Plus ta disposition à percevoir est négative – c'est-à-dire plus tu t'occupes, en pensée, des mauvais côtés de la vie, des côtés ternes et sombres –, et plus il faut de l'action pour atteindre quelque chose, car tu manques du matériau de construction qu'est la lumière, et qui pourrait remplacer la plus grande partie de tes pénibles actions. Pour résumer : tout manque de joie doit être remplacé par un surcroît d'action.

Laisse briller ta lumière, aime-toi toi-même inconditionnellement, et reste toujours en dialogue avec ta sagesse intérieure – alors tu pourras t'épargner la plus grande partie de tes actions et de tes efforts antérieurs. Les choses dont tu as besoin et que tu désires trouveront d'elles-mêmes le chemin qui mène à toi. La lumière que tu rayonnes leur montrera le chemin, et ton intuition t'informera du moment où tu pourras les recevoir sur le seuil de ta maison.

11
SOIS GENTIL AVEC TOI-MÊME

Nous sommes parvenus plusieurs fois à ce résultat : qui s'aime bien et se ressent volontiers entend aussi automatiquement la voix de son intuition. Celui qui, en revanche, ne s'aime pas ou bien évite de se percevoir trop nettement, pour ne pas ressentir la « douleur » – celui-là, automatiquement, ne perçoit pas non plus l'intuition.

Dans ce chapitre, je voudrais donner encore quelques détails sur la façon dont on se rapproche toujours plus des vibrations de base optimales pour des commandes réussies, et sur les domaines dans lesquels cela se répercute.

- Plus je suis pressé, moins je vis les choses véritablement. Plus je suis anxieux de manquer quelque chose – et plus, par conséquent, je cours d'un endroit à l'autre –, plus je rate les choses. C'est comme les gens qui courent d'un réveillon à l'autre, dans l'espoir qu'il « se passe plus de choses » à un autre réveillon : c'est précisément ce qu'ils vont rater.

Plus vous vous hâtez d'un endroit à l'autre, et n'arrivez correctement nulle part, plus sûrement vous raterez les véritables qualités du vécu.

Exerce-toi avec confiance : grâce à quelques petites inspirations de ton conseiller intérieur, tu pourras transformer la plus mauvaise soirée de tous les temps en une folle aventure pour toi. Pour cela, tu n'as personne d'autre à attendre.

- On ne devrait pas annuler ses propres commandes par des peurs et des doutes permanents, ni par des transformations constantes de ses commandes. Une lectrice m'écrit que, chaque fois qu'elle se surprend à ruminer avec angoisse et à douter, elle envoie un message à l'Univers : « Cette déclaration ne doit pas être portée au procès-verbal, ce n'était que mes anciens modèles. S'il vous plaît, ne pas en tenir compte. » Ensuite, elle a le sentiment de ne pas avoir effacé la commande, mais d'avoir effacé les pensées perturbatrices d'annulation, et elle se sent de nouveau bien avec elle-même.

Il est parfaitement égal que tu imagines telle ou telle méthode ; ce qui compte, c'est que tu aies après-coup une bonne sensation. La façon dont tu l'obtiens est entièrement laissée à ta propre créativité.

- Il est judicieux de se libérer des vieilles peurs en s'exerçant à « l'être pur ». Les enfants sont toujours complètement dans l'instant ; il peut donc être utile de jouer avec des enfants. Ils nous ramènent totalement l'être pur du présent. Il en va de même avec les animaux.

Les exercices de détente dans lesquels nous ne faisons simplement qu'observer *ce qui est* agissent également dans cette direction : comment ma respiration s'écoule-t-elle ? Comment mon ventre, ma poitrine et ma tête se sentent-ils ? Comment suis-je assis ? Où sont les points de contact avec le sol ? Se contenter d'observer, sans évaluer, aide à revenir au présent – et cela dissout automatiquement les peurs.

Méditer dans la nature, observer un lever de soleil et se représenter comment on absorbe la lumière en soi, comment on l'emmagasine, est également d'un grand secours. Pendant les promenades, observer attentivement la nature ou embrasser divers arbres et sentir leur individualité nous ramène également dans l'être pur. « Comment la feuille, dans l'arbre, s'agite-t-elle ? » Voilà une bonne question, et l'on peut étudier longuement la feuille sans s'ennuyer quand on est véritablement à ce que l'on fait.

- Élever le niveau de sa propre énergie est important pour percevoir à temps, même dans la durée, les livraisons de l'Univers. Sinon on choisit automatiquement les occasions les plus mornes au lieu des plus lumineuses, parce que l'on se sent plus proche des premières du fait de sa propre mauvaise humeur.

On peut élever son niveau d'énergie avec tout ce dont on peut se réjouir. Un ami à moi, qui a 39 ans, vient de s'acheter un jouet : un circuit de course sophistiqué, et il m'appelle régulièrement pour me raconter quelle extension géniale il vient d'acquérir, et tout ce qu'on peut faire avec. Il est totalement enthousiasmé et sûrement au sommet de son énergie. Les jeux d'enfant ne sont pas seulement permis aux adultes, ils élèvent aussi l'énergie quand ils nous donnent du plaisir ; c'est pourquoi ils sont très précieux et utiles !

Qui médite volontiers peut le faire. Qui n'aime pas ça devrait s'en abstenir. C'est très clair. Si tu n'aimes pas, comment cela pourrait-il te donner de l'énergie ? Qui aime bien faire du ski préférera ce sport.

L'intimité conviviale et les sentiments confiants élèvent toujours l'énergie.

Les bons massages, ainsi que le sport léger et agréable, le mouvement à l'air frais, élèvent l'énergie.

Une alimentation lourde, avec bière et chips, mine l'énergie, de même que la position assise devant le téléviseur ; presque tout le monde en a pris conscience. Un bain chaud relaxant, en revanche, peut redonner de l'énergie. Il y a mille possibilités : sois créatif. Car avoir de bonnes idées et les mettre en pratique fait tout de suite remonter l'énergie.

Faire quelque chose qui améliore sa propre vie ou la vie d'autrui augmente également très fortement l'énergie, même si cela apparaît souvent d'abord comme un travail. Fais un essai : par quelle sorte d'embellissement de la vie, la tienne ou celle d'autres personnes, peux-tu te donner un maximum d'énergie ?

- Une personne de mes connaissances qualifie les problèmes de toutes sortes d'« aide au développement », car les problèmes peuvent également augmenter notre énergie quand nous les traitons correctement. Quoi, comment, où ? Les problèmes doivent donner de l'énergie ? Imagine qu'un ami décommande deux fois de suite, à un autre ami, un rendez-vous, à la suite d'un contretemps. L'ami, blessé, fait de cette défection un problème et ne peut assumer ; il sombre dans le doute et la dépression, ruinant ainsi, finalement, toute l'amitié. Ainsi, il a utilisé le problème pour se vider lui-même de toute énergie et s'affaiblir totalement. Cela a été son libre choix.

Il aurait pu aussi saisir la situation comme une occasion de se valoriser, et en sortir fortifié. Il aurait pu réfléchir à des alternatives pour programmer son week-end, et peut-être aurait-il pu, comme souvent la vie fait des arrangements, rencontrer un ancien collègue et trouver son job idéal.

Dans ce cas, le problème eût conduit à l'indication qu'une meilleure rencontre encore l'attendait, et il serait sorti joyeux de son week-end, avec une énergie accrue, parce qu'il se serait prouvé à lui-même qu'il pouvait prendre soin de soi.

Aux dires de ma conseillère fiscale, 98 % des gens qui reçoivent soudain beaucoup d'argent ont moins d'argent que jamais au bout de neuf mois. Manifestement, ils sont trop faibles pour assumer autant de bonheur inespéré et agir correctement. Quelques menus problèmes leur auraient fait du bien, car ainsi ils auraient pu se fortifier et s'exercer, et auraient été guéris pour toujours, au lieu de faire faillite.

Considère donc simplement tout problème qui surgit comme une préparation à un paquet géant de bonheur, et mets-le à profit pour augmenter ton énergie.

- Quand tu es mal disposé pour prendre des décisions, exerce-toi dans les petites choses (quelle tisane aimerais-je boire, qui préférerais-je rencontrer ce week-end, quel est mon itinéraire de promenade préféré ? etc.). Et exerce-toi à saisir les occasions. Quand tu pars faire tes courses, rappelle-toi que l'Univers communique d'une manière différente de celle que nous utilisons entre nous, nous autres humains. Quand il veut nous dire quelque chose, il dirige notre attention sur le thème correspondant. Par conséquent, chaque fois que, en faisant tes courses, que ce soit à l'arrêt du bus ou ailleurs, tu vois quelqu'un qui attire ton attention d'une manière ou d'une autre, aborde-le et bavarde un peu avec lui. Quand tu as exercé cela assez souvent et que la « grande occasion » arrive enfin, que tu veux absolument aborder quelqu'un, tu as un tel entraînement que c'est pour toi un jeu d'enfant que de ne pas rater l'occasion.

Si, au début, cela te paraît difficile en Europe, offre-toi un petit congé en Amérique. Là-bas, il n'est pas normal de regarder quelqu'un parce que, d'une façon ou d'une autre, il vous intéresse, puis de détourner les yeux dès que l'autre vous regarde en retour ; au contraire, on ricane et on dit « hello ». Là-bas, tout le monde fait ça, que ce soit à la pompe à essence ou dans une file d'attente, devant la caisse d'un supermarché. C'est justement cela qui a donné aux Américains la réputation d'être superficiels, parce qu'ils échangent quelques mots avec Pierre et Paul, puis tournent les talons, et c'est tout. De cette façon, ils ne laissent échapper aucune occasion. Quand ensuite un type est là pour le nouveau job idéal, ou pour quelque chose du genre, ils ne ratent sûrement pas l'occasion ; au contraire, ils échangent des adresses, même au milieu de la chaussée, au pied des feux de circulation, si c'est cela qui convient.

Mais cela, on peut tout aussi bien le pratiquer ici, même si l'on récolte souvent des regards étonnés. Il ne faut pas s'en irriter. Tu peux dire ensuite : « Excusez-moi si je vous ai perturbé. Je reviens d'un congé en Amérique ; là-bas, il est normal d'échanger dans la rue quelques mots avec les passants. Je trouve cela si beau que je continue ici. » Au plus tard à ce moment-là, il est certain que vous obtiendrez un sourire compréhensif.

- Soigner alternativement et régulièrement l'esprit, le corps et l'âme améliore prodigieusement la santé, le bien-être et l'intuition. C'est le terrain nourricier optimal pour des commandes fructueuses à long terme auprès de l'Univers.

Étant donné que, en général, nous nous exerçons très peu à soigner notre âme, le prochain chapitre sera consacré à la méthode de communication non violente de Marshall Rosenberg. Je l'avais déjà brièvement mentionné au chapitre « Limites des livraisons », mais je trouve son travail si inspirant et si riche de sagesse et d'humour que je voudrais le présenter ici plus en détail.

À celui (celle) qui passe des commandes réussies auprès de l'Univers, et aussi à celui (celle) qui lui fait des réclamations, il apparaîtra très vite combien de livraisons de l'Univers il a sans doute jusqu'ici tout simplement ignoré, et combien d'efforts inutiles il a fait. Nous verrons de nouveau que l'Univers nous offre constamment tout ce qu'il nous faut. Souvent, la question est seulement de savoir ce que nous faisons des occasions qui nous sont offertes.

En outre, nous pourrons emmagasiner de grosses quantités d'énergie supplémentaires quand nous mettrons à profit la « gratitude de la girafe » telle qu'elle est conçue par Marshall. Nous allons voir tout de suite ce que c'est.

Nous devrions aussi faire très attention à l'« éducateur intérieur », car c'est également quelqu'un qui *soit* nous croit indigne des nombreux paquets-cadeaux qui nous viennent de l'Univers, *soit* pense que nous ne les aurions pas mérités. Nous pourrons apprendre auprès de Marshall comment nous pouvons rééduquer notre éducateur intérieur.

12
LE LANGAGE DE LA GIRAFE

La girafe est l'animal terrestre qui a le plus grand cœur. Le « girafien » est par conséquent le langage du cœur et la langue au moyen de laquelle on peut mettre fin aux altercations belliqueuses – avec les autres et avec soi-même !

Marshall Rosenberg – qui a grandi aux États-Unis en tant que Juif blanc dans un quartier noir au taux de criminalité extrêmement élevé – a vécu, petit enfant, une situation où des groupes d'hommes tout entiers étaient assassinés autour de lui. Lui et ses parents survécurent, mais à peine fut-il à l'école qu'il se vit confronté à une totale inhumanité. Il était rejeté à cause de son nom de famille.

Alors que beaucoup d'autres, à sa place, eussent été dépassés par les événements et se fussent réfugiés dans la dépression, Marshall réfléchit très tôt à ce qui devrait être changé dans le monde pour que de telles choses ne puissent plus se produire. Et il a trouvé quelque chose : depuis quarante ans, il travaille avec succès dans le monde entier sur la base de sa méthode. Ce qu'il a trouvé, il l'appelle aujourd'hui la « communication non violente » ou encore le « langage de la girafe ».

Marshall travaille beaucoup avec des images et des représentations enfantines. Celles-ci aident aussi les adultes à apprendre plus vite la « nouvelle langue ». Il existe ainsi, selon lui, un langage de la girafe et un langage du loup. Notre ton habituel, aujourd'hui bien souvent considéré comme normal, est appelé « langage du loup » par Marshall, ou encore « langage suicidaire ». Les bébés et les petits enfants qui apprennent tout juste à parler s'expriment encore très automatiquement en girafien ; mais, par imitation et papotage, ils apprennent très vite le langage suicidaire du loup. Exemple : imagine un bébé qui est couché dans son petit lit, qui a faim pendant la nuit et qui, s'il pouvait déjà parler, crierait de son petit lit : « Eh, les parents, qu'est-ce qu'il y a ? Est-ce que vous roupillez encore égoïstement ? Bougez-vous le cul et, s'il vous plaît, apportez-moi mon biberon ! »

Si les bébés communiquaient ainsi (c'est-à-dire à la manière du loup), ils mourraient tous de faim. Mais heureusement, les bébés « parlent » encore girafien et n'expriment que leurs besoins et leurs sentiments.

Et CELA est précisément le langage de la girafe : on exprime…

- … ce qui est (observation de la situation) ;
- … comment on se sent à cette occasion (sans y ajouter d'évaluation) ;

- … le besoin propre qui, à cette occasion, est satisfait ou n'est pas satisfait.

Dans le cas positif, on peut remercier en girafien avec une particulière efficacité (voir les remerciements de la girafe, plus bas) ; dans le cas négatif, on peut même aplanir des conflits. Mais la girafe ne parle pas seulement girafien ; elle entend aussi avec des oreilles de girafe. C'est-à-dire qu'elle n'entend jamais une offense ou une réflexion minable. Derrière tout ce qui est dit, la girafe entend les sentiments et les besoins et répond à ceux-ci, non à ce qui a été dit. Pour celui qui passe des commandes auprès de l'Univers, cela signifie que quelqu'un ayant des oreilles exercées de girafe détectera encore des occasions positives là où d'autres n'entendront que des « attaques ». Une girafe a infiniment plus d'occasions constructives, dans la vie, qu'un loup.

Marshall a vécu un exemple très significatif de cela, au Nigéria, où il a pu servir de médiateur dans une guerre tribale. Il y avait là deux tribus qui étaient si déchirées qu'elles avaient déjà tué plusieurs centaines de personnes de part et d'autre. En six mois, un élève de Marshall parlementa avec les deux tribus jusqu'à ce qu'il les eût convaincues de se rencontrer avec Marshall dans une conversation commune. Au cours de ces six mois, 63 nouvelles personnes avaient été tuées.

Les chefs de tribu ainsi que 12 membres de chaque tribu et Marshall vinrent à la rencontre qui fut finalement arrangée.

Marshall pria les deux chefs de lui dire quels étaient ceux de leurs besoins que ne satisferait pas l'autre tribu.

Chef A : « Ceux d'en face sont des meurtriers ! »

Chef B : « Vous voulez nous opprimer ! »

Marshall avait interrogé sur les besoins, ne recevait en réponse que des accusations. En tant que médiateur, il pointa alors ses oreilles de girafe et essaya d'en extraire, derrière les accusations formulées en langage de loup, les sentiments et les besoins. Il dit au chef A : « Chef, est-ce que je vous comprends bien si je dis que vous avez un besoin de sécurité et que vous voudriez bien que les conflits, quelle que soit leur importance, soient quand même réglés de manière que tous les membres de votre tribu ne craignent pas pour leur vie ? »

Chef A : « C'est exactement ce que j'ai dit. Oui ! »

Naturellement, ce n'était pas du tout ce qu'il avait dit, mais c'était en définitive ce qu'il voulait dire. Il l'avait exprimé en langage suicidaire de loup, et Marshall l'avait entendu avec des oreilles de girafe et traduit en langue girafienne.

« Pourquoi as-tu donc assassiné mon fils ? » cria aussitôt un membre de la tribu B. Marshall lui dit alors, ainsi qu'au chef B : « Chef, nous allons bientôt en arriver aux besoins de votre tribu. Auparavant, voudriez-vous être assez aimable pour répéter ce que vous venez d'entendre ? »

Le chef B dut s'y reprendre à quatre fois avant de pouvoir répéter la phrase, traduite en girafien, de manière que le chef A se sentît correctement compris.

Puis les rôles furent inversés. Marshall dit au chef B : « Chef B, est-ce que je vous comprends bien si je dis que vous avez un besoin d'égalité ? Vous voudriez être aussi bien accepté, en tant qu'homme, que les membres de la tribu A. » (L'une des tribus était chrétienne, l'autre musulmane.)

« C'est exactement cela que j'ai dit ! » proféra aussi le chef B. Marshall avait de nouveau pertinemment traduit le lupin en girafien. Il fit alors répéter au chef A la phrase girafienne jusqu'à ce que le chef B fût satisfait.

À cet instant, un autre membre de la tribu se leva et dit : « Nous ne pouvons pas apprendre en un jour ce mode de communication, mais si nous avions appris plus tôt à communiquer de cette façon, nous n'aurions pas eu besoin de nous entretuer ! »

Marshall se réjouit infiniment de cette déclaration, et la rencontre se termina par le fait que de nombreux membres des deux tribus se déclarèrent volontaires pour s'entraîner au langage de la girafe et pour s'instaurer médiateurs pour le cas où de nouveaux problèmes surgiraient.

Ce sont les enfants de 4 ans qui apprennent le plus vite le langage de la girafe

Les adultes ont souvent besoin d'entraînements intensifs et répétés pour apprendre le langage de la girafe. En revanche, on peut l'inculquer aux enfants dès l'âge de 4 ans, et ils l'apprennent en un temps record. Comme nous l'avons dit, il existe déjà en Israël 300 de ces groupes d'entraînement, où enfants israéliens et palestiniens s'entraînent en commun. Marshall était une fois en visite dans l'une de ces écoles, où tous les enfants avaient appris le girafien. Alors que Marshall parlait avec l'institutrice, deux garçons du cours préparatoire vinrent en pleurant et demandèrent un « médiateur ». L'institutrice téléphona dans une autre classe, et un garçon de 11 ans arriva, qui se présenta librement comme le médiateur du jour pour le cas où il y aurait des « problèmes lupins ».

Marshall put ainsi constater avec quelle simplicité les enfants appliquaient sa technique et, surtout, avec quelle rapidité. Le garçon qui jouait le médiateur mit dans la main de l'un des deux contractants une marionnette représentant une girafe et, à l'autre, il mit des oreilles de girafe qu'il avait lui-même bricolées. Lui-même prit en main une marionnette représentant un loup. La règle est la suivante : seul a le droit de parler celui qui a en main la marionnette de la girafe. Le médiateur dit : « Observation ! », et l'enfant à la girafe dit : « J'étais sur le terrain de foot, il est venu et il m'a poussé sans aucune raison… »

Aussitôt, le médiateur à la marionnette de loup fit des mouvements nets de la bouche. L'enfant sut tout de suite de quoi il retournait et répéta sa phrase sans y ajouter d'interprétation : « Il m'a poussé ! » Lors de l'observation, en effet, seuls les faits doivent être décrits, et toute interprétation doit être omise. C'est là un des points essentiels qui font longtemps échouer les adultes quand ils apprennent le langage de la girafe. Leur ego blessé ne résiste pas à l'ajout des interprétations ; il leur faut souvent cinq tentatives, ou même davantage.

L'enfant médiateur fut satisfait de la nouvelle phrase et dit ensuite, tout aussi simplement que précédemment : « Sentiments. »

L'enfant à la girafe : « Je me suis senti blessé, petit et malheureux. »

Le médiateur : « Besoins. »

L'enfant à la girafe : « Je voudrais être estimé et respecté. »

Le médiateur : « Je t'en prie. »

L'enfant à la girafe : « Je voudrais que tu ne me pousses plus. »

Ensuite, le médiateur invita le second enfant à répéter ce qu'il avait entendu. Enfant 2 : « Je l'ai poussé, il se sent blessé, petit et malheureux et il voudrait être estimé et respecté. Sa demande est que je ne le pousse plus. »

Le médiateur à l'enfant 1 : « Est-ce que tu te sens compris ? » Enfant 1, reniflant et grognant : « Oui. »

Puis la marionnette et les oreilles de la girafe furent échangées et ce fut le tour du second enfant.

Après que les deux enfants eurent entendu et compris les sentiments et les besoins de l'autre, ils trouvèrent très vite une solution sur laquelle tous deux se mirent d'accord. Marshall demanda à l'un des enfants comment il se sentait maintenant. L'enfant répondit qu'il était très content, car, avant la dispute, l'autre avait été son meilleur ami, et il n'aurait pas aimé perdre son meilleur ami.

Cela paraît très simple, et pourtant les adultes ont besoin de plusieurs week-ends d'entraînement pour obtenir le même résultat. La raison en est que, chez nous, le langage du loup a déjà pénétré profondément, et que nous nous parlons souvent aussi À NOUS-MÊMES, en pensées, dans le langage du loup. Nous avons donc du mal à coiffer des oreilles de girafe, tant nous sommes habitués au langage du loup.

Voici quelques trucs pour apprendre le langage de la girafe.

En premier lieu, nous devrions apprendre à prendre « conscience des besoins » (éduquer les oreilles de girafe).

Nous pouvons le faire de la façon suivante. Nous établissons une liste qui contient trois choses :

1. Que me dit mon « éducateur intérieur » quand je suis « moins que parfait » ? (Des choses telles que : tu n'es pas assez bon, tu es trop bête, tu n'y arriveras jamais, ta conduite est déplorable, etc.)
2. Quels sont les concepts que j'utilise quand je juge les autres (tout haut ou en pensée) ?
3. Liste des réponses négatives que je pourrais recevoir des autres et dont j'ai peur.

Quand nous avons établi cette liste, nous en traduisons tous les points en langage de girafe, c'est-à-dire en besoins. **Remarque : tous les messages lupins sont des besoins formulés de façon minable et suicidaire.**

Nous parcourons donc simplement notre liste, nous nous souvenons des déclencheurs relatifs aux différentes déclarations et formulons en mots le besoin qui se cache là-derrière. Quel est MON besoin, celui qui se cache derrière ce message lupin ? Ensuite, tu dois deviner ce que pourrait être le besoin de l'autre (dans les réponses redoutées), quand il dit des choses comme ça. Imagine-toi que tu agisses comme le fait l'autre. Que serait ton besoin caché dans cette situation ?

La gratitude de la girafe

Exercer la gratitude est un autre point important dans l'apprentissage du girafien – et particulièrement important pour nous quand nous voulons fortifier notre énergie pour ne pas rater des livraisons de l'Univers. La gratitude est, pour ainsi dire, le « carburant » des girafes. Mais la gratitude aussi peut être exprimée en girafien et en lupin. Imagine que quelqu'un te dise : « Tu as accompli ton travail de façon parfaite, tu es le champion dans cette activité. » Comment te sens-tu quand tu entends cela ? Véritablement ?! Ne continue ta lecture que quand tu as complètement saisi le sentiment.

Imagine maintenant que quelqu'un te dise, au lieu de cela : « Quand tu as fait ceci et cela (l'activité est minutieusement décrite), je me suis beaucoup réjoui, je me sentais soulagé, reconnaissant et inspiré. Tu as ainsi totalement satisfait mon besoin de m'en remettre à quelqu'un d'autre et de pouvoir te faire confiance. »

Quelle sorte de remerciement te fournit le plus de « carburant intérieur » ?

La première déclaration était une gratitude avec évaluation (et par conséquent lupine), et la seconde était sans évaluation. T'es-tu déjà demandé, dans la vie, pourquoi les manifestations de reconnaissance d'autrui te touchent aussi peu ? N'était-ce pas celles qui contenaient des évaluations ? Même si ce sont, sur le moment, des évaluations positives, cela est loin de nous satisfaire, en général, aussi profondément que la gratitude girafienne.

S'exercer à la gratitude

1. Pense au remerciement que tu eusses volontiers reçu dans la vie, mais qui n'est jamais venu. Imagine-toi maintenant la personne quand elle te remercie en girafien selon les 3 points (observation, sentiments, besoins satisfaits).
2. Pense à des choses que quelqu'un a faites pour toi dans les dernières vingt-quatre heures. Remercie selon les 3 points (même des broutilles) ;
3. Inculque à ton éducateur intérieur d'être reconnaissant envers TOI. Fais-lui fêter quelque chose qui a amélioré la vie pour toi.
   - Sois reconnaissant de quelque chose en quoi tu t'es fait du bien à toi-même (selon les 3 points).
   - Sois reconnaissant de quelque chose par quoi tu as amélioré le monde ou la vie d'autrui (il existe en vérité au moins 100 choses par jour à fêter, même les babioles !).
4. Pense à quelqu'un, dans ta vie antérieure, que tu n'as pas encore remercié. Remercie-le en pensée (ce peut être des morts). Ensuite, réfléchis : qu'est-ce qui te

retient de te rattraper et d'utiliser les remerciements de la girafe si la personne est encore en vie? Il y a ICI, À TON INTENTION, un gisement de carburant pour girafes! Établis la liste des gens que tu n'as pas encore remerciés. Qu'est-ce qui t'empêche de te fournir ce carburant?

La langue des girafes – ou communication non violente – résonne peut-être comme une technique essentiellement extérieure, mais elle exige et occasionne en même temps tant de changements intérieurs que l'apprentissage de cette langue comporte aussi, comme effet secondaire, une action thérapeutique. Car, qui n'inculque pas le langage de la girafe à son éducateur intérieur – et n'apprend pas la compassion et la compréhension pour soi-même –, celui-là ne pourra pas non plus le mettre en œuvre véritablement pour les autres.

Par conséquent, plus on s'exerce dans le girafien, plus on obtient de considération devant soi-même et devant autrui. Plus aussi on devient sensible à ses vrais désirs et en même temps – taratata – à la voix de l'intuition et aux suggestions de l'Univers, qui provoquent ces merveilleux hasards. Et plus on devient heureux automatiquement – alors que, à proprement parler, on ne fait que s'entraîner à la communication non violente. Je donnerai un dernier exemple, tiré de la riche expérience de Marshall.

Lors d'une visite dans une prison, Marshall demanda à un détenu quel était son besoin essentiel, et celui-ci répondit : « Mon grand besoin est d'assassiner XY. Le seul rêve que je fais toutes les nuits, c'est la manière dont je tuerai XY quand je sortirai d'ici. »

Marshall : « Je parie que je peux te montrer quelque chose qui te ferait davantage plaisir ! Peux-tu me consacrer assez de temps pour que je te présente mon idée ? »

Le détenu (dans l'autodérision) : « Du temps, j'en ai à revendre ! »

Marshall se livra alors à un jeu de rôle avec le détenu. Il lui fit jouer la personne XY, et lui-même joua le prisonnier en tant que girafe, et avec des oreilles de girafe. Il dit au détenu, qui jouait XY : « Écoute. Je vais te dire maintenant ce qui s'est produit en moi, et tu devras le répéter. Tu ne devras rien dire d'autre. Aucune explication !

« Sais-tu ce que cela signifie que de vivre exclusivement pour des pensées de vengeance ? Ce n'est vraiment pas une vie. Répète cela ! »

Le détenu joua d'abord au loup, donna des explications et proféra des échappatoires. Mais Marshall ne lui laissa aucun répit jusqu'à ce qu'il eût répété ce qu'il avait entendu, puis il ajouta la phrase suivante : « J'ai un besoin de reconnaissance de mes souffrances, je me sens comme ceci et comme cela, etc. » (Marshall s'était fait raconter le cas.)

Après que le détenu, en XY, eut répété quatre phrases semblables de Marshall, il dit : « Stop, stop, tu as raison. C'est beaucoup plus qu'il ne m'en faut. »

Marshall expliqua au détenu qu'il avait en vue l'image typique du héros de cinéma. Le héros se bat et se fustige – et il venge les opprimés. Nous croyons en cette image et voulons la réaliser exactement mais, dans la vie réelle, cela ne nous satisfait nullement. Toute pensée de vengeance n'est qu'un besoin insatisfait de compassion !

Quand Marshall, trois mois plus tard, se retrouva dans cette prison, le détenu accourut immédiatement vers lui et lui dit, très excité, qu'il serait libéré trois mois plus tard. Il pria Marshall de refaire encore une fois, très exactement, l'exercice avec lui, sinon un malheur arriverait bientôt ! Mais, dans l'entre-temps, il avait préféré la variante de la girafe !

« Toute idée de vengeance est un besoin insatisfait de compassion », dit Marshall pour commenter cet exemple. Et elle nous pompe force et énergie, elle détériore tout ce que nous rencontrons dans la vie. Reconnaître les vrais besoins qui se cachent là-derrière ne conduit pas seulement à plus de bien-être dans l'instant ; cela augmente aussi et fortifie notre lumière intérieure. Ainsi, nous pouvons d'autant plus facilement nous relier à la magie de la vie, et d'autant plus de hasards nous aident à réceptionner la livraison de nos commandes.

13

QUESTIONS ET RÉPONSES, LES TOPS ET LES FLOPS

Les lecteurs qui font des réclamations posent des questions qui sont à peu près toujours les mêmes. Il y a des exemples de commandes faites par des lecteurs qui montrent si clairement ce que untel ou untel a fait de bien ou de mal – que ces exemples parlent d'eux-mêmes. J'espère qu'ils contribueront aussi à une compréhension plus profonde des choses. Commençons par les questions classiques.

Question : *je crois que je fais quelque chose de faux dans mes commandes. Peux-tu m'expliquer encore une fois les détails de la technique de commande ?*

Réponse : les débutants sont bien entourés et bien inspirés quand ils se placent sur leur balcon, la nuit, en vue du ciel étoilé, parce qu'ils ont alors un libre regard dans l'Univers – qui leur donne le sentiment que leur commande parvient tout aussi librement et sans entrave auprès de l'Univers.

Beaucoup de gens se constituent une liste de commandes et notent tous les points afin, premièrement, de ne plus avoir à y penser et, deuxièmement, de pouvoir vérifier après coup si tout a été livré comme il faut.

D'autres allument une bougie et mettent leur musique préférée pendant qu'ils prononcent à voix haute leur commande – d'une voix aussi confiante et détendue que possible.

De vieux renards émettent leurs commandes mentalement n'importe où : entre deux portes, sous la douche, en voiture, etc. La question n'est pas de savoir comment tu le fais, mais tout au plus comment tu te sens quand tu le fais.

Et même cela est moins important qu'on ne pense, car **l'Univers ne juge pas, entend toutes les commandes et est toujours d'accord avec la livraison**. Le point le plus important N'est PAS la question de savoir quelle technique j'emploie pour commander. Ce n'est pas l'Univers qui est trop engourdi ou trop maladroit pour comprendre nos commandes. C'est nous qui sommes trop engourdis ou trop maladroits pour réceptionner les livraisons.

Quand l'Univers fait une livraison, c'est seulement dans les cas les plus exceptionnels qu'il sonne à la porte et que le paquet est là. Le plus souvent, l'Univers nous procure ce que nous avons commandé d'une façon que nous n'aurions jamais imaginée par la réflexion. Au contraire, il met en œuvre les circonstances et les moyens les plus créatifs pour nous fournir ce que nous désirons.

Il s'ensuit que, logiquement, c'est *nous* qui devons nous ouvrir pour accepter aussi ces livraisons faites par des voies inhabituelles. Quand nous commandons quelque chose et que nous ne sommes pas prêts à nous engager dans de nouvelles voies, nous courons constamment à côté de notre paquet – et nous trottons souvent tout près de lui sans nous en emparer, et pendant ce temps-là le paquet pourrit. C'est un cas tragique qu'il s'agit d'empêcher. Soucie-toi donc de ne pas manquer les livraisons, plutôt que de te préoccuper de la manière dont tu passes les commandes. Lors de la passation de la commande, il suffit amplement que tu te sentes bien, quelle que soit la manière dont tu y parviens.

Question : *pourquoi est-ce que je ne dois pas vouloir quelque chose impérativement et très fortement ? Plus je veux quelque chose de façon pressante, plus je concentre mes forces. Cela ne devrait-il pas accélérer la livraison ? Qu'est-ce que c'est que cette histoire de lâcher-prise ?*

Réponse : c'est là un point qui donne beaucoup de fil à retordre. Une lectrice écrit que cela évoque pour elle un affamé qui devrait lâcher prise et oublier la faim. Quand on a besoin de quelque chose pour sa survie, on serait incapable de lâcher-prise et d'oublier.

Le lâcher-prise et l'oubli ont deux aspects : quand tu es convaincu à 100 % que TU es le créateur de ta réalité, et que tu te sais capable de conduire et d'orienter ta vie toi-même avec précision comme tu le souhaites et comme cela est bon pour toi, ALORS tu peux t'épargner le lâcher-prise.

Tu n'as pas besoin d'abandonner la pensée suivante : « Je sais que je suis le créateur de ma réalité, je sais que j'obtiendrai ceci ou cela au plus vite et je m'en réjouis déjà, car cela est quasiment déjà là. »

Quand cette conviction est véritablement en toi, et que ce n'est plus simplement un concept mental, avec quoi tu chercherais à t'en faire accroire (comme Icare, qui cherchait à se persuader qu'il pouvait voler, mais ne le pouvait pas), alors il n'y a rien à lâcher. Ainsi tu ne poses même plus la question concernant le lâcher-prise, car tu te trouves de toute façon dans un état de confiance.

Et d'ailleurs : le doute, les rechutes et l'impatience sont AUTORISÉS aussi longtemps qu'ils restent nettement minoritaires.

Le lâcher-prise devient important quand tes pensées tournent autour de ta commande, par exemple, de la façon suivante : « Il FAUT que j'aie ceci ou cela. C'est vital pour moi, je ne puis vivre sans… » Tu te crées ainsi une réalité dans laquelle, de jour en jour, tu deviens plus faible et plus malade, car tu dis à la vie que tu es déjà à peu près mort... Tu as déjà de la chance si l'Univers ne prend pas au pied de la lettre les pensées désordonnées et dépourvues de vigueur que tu nourris sur toi-même, mais laisse seulement croître de façon rampante tes sentiments au fur et à mesure que tu les « alimentes par ton attention ».

Lâcher prise, dans une telle situation, signifie formuler UNE FOIS, à partir de tes pensées quotidiennes de manque, une « commande » claire, vigoureuse et lumineuse contenant ce que tu voudrais – et non pas uniquement et constamment ce que tu ne voudrais pas (répéter dans ta tête ce que tu NE voudrais PAS équivaut précisément à commander cela auprès de l'Univers, car tu donnes à cette image beaucoup trop d'attention, lui conférant ainsi force et énergie).

À cause de l'exemple particulier, et sans doute extrême, de la faim, j'ai interrogé des gens qui avaient échappé à la famine et à la pauvreté, au Bangladesh, qui vivaient dans des baraquements en tôle ondulée et appartenaient aux classes moyennes. Cela se passait en novembre 2000, à l'occasion notamment du tournage de vidéos.

À la question de savoir comment on pouvait échapper à la faim, la réponse était que l'on devait cesser de gémir et de ne rien faire, et que l'on devait passer en revue les occasions. Il y en avait toujours, dit une femme des anciens bas quartiers, qui s'était précédemment couverte de feuilles de bambou et de journaux parce qu'elle n'avait rien d'autre.

À une connaissance d'Afrique, j'ai également posé par écrit la question de savoir si elle pensait que l'on devait conseiller, à une personne mourant de faim, de lâcher son désir de manger. Elle fut d'avis qu'elle ne le formulerait peut-être pas ainsi, mais qu'elle avait déjà expérimenté que, moins elle trouvait de solutions, plus elle attisait les sentiments de panique. Quand au contraire elle avait fait diversion et détourné son attention de la faim, elle avait trouvé, à la promenade suivante, une racine comestible ou un buisson de petits fruits qu'elle ne connaissait pas encore. Et, au fur et à mesure qu'elle reprenait confiance en elle-même, elle avait fini par trouver un moyen d'échapper complètement à cette situation.

Il existe des domaines plus modestes de l'existence où chacun d'entre nous voit clairement qu'il importe de lâcher prise – et nous savons aussi comment cela fonctionne, car presque tout le monde a vécu cela. Peux-tu par exemple te souvenir d'une situation où tu avais oublié un certain nom (ou un mot étranger, etc.)? Tu avais absolument besoin du nom pour chercher la personne dans l'annuaire, pour l'aborder par son vrai nom ou pour lui écrire. Et tu avais le sentiment d'avoir le nom sur le bout de la langue ; tu l'avais presque, mais au dernier moment il t'échappait sans cesse.

En un tel moment, plus on veut obtenir le nom, ou le mot, par la force, ou le presser comme un citron hors de sa mémoire, moins on s'en souvient.

La seule chose à faire est de s'accommoder de la situation, d'accepter que le nom ne vous vienne pas, d'abandonner la volonté compulsive de se souvenir et de se tourner vers d'autres choses. Dès qu'on a complètement lâché la situation, qu'on est détendu et qu'on est occupé à tout autre chose, cela fait soudain « tilt », le nom fuse de la mémoire à long terme et nous nous en souvenons.

Notre lâcher-prise et notre détente ont ouvert la voie pour que nous parvenions intérieurement dans un flux où toutes les informations s'écoulent d'elles-mêmes. La volonté contrainte est comme une barrière qui interrompt le flux et paralyse tout.

Il en va de même en matière de commande. Chaque fois que tu penses ne pas pouvoir lâcher prise, pense aux noms ou aux mots oubliés. Alors, tu prendras immédiatement conscience du fait que vouloir se cramponner et contraindre n'aboutit qu'au contraire de ce que l'on souhaite. Et surtout, tu saisiras que tu peux effectivement lâcher prise, car, avec les noms oubliés, tu le peux aussi, n'est-ce pas ?

Question : *qu'est-ce que je fais quand j'ai commandé quelque chose et qu'ensuite je change d'avis ? Ou bien qu'il me vient à l'esprit que j'ai encore envoyé des tas de commandes inconscientes – que je ne veux avoir à aucun prix ? Puis-je les annuler d'une façon ou d'une autre ?*

Réponse : une lectrice, Stéphanie Haller, a une excellente proposition à cet égard. Stéphanie écrit : « Il en va du service de commande universel comme des maisons de vente par correspondance, cela est tout à fait clair pour moi. Des pensées claires entraînent des commandes claires et des livraisons claires, tout simplement. Mais ensuite, il y a des moments où trop de choses me filent dans le cerceau en même temps. Je trouve même le moyen de commander cinq choses parallèlement, et qui se contredisent.

Ou bien j'ai en tête une crainte dont je ne peux plus me débarrasser. C'est ainsi par exemple que, une fois, j'étais assise sur un banc dans la salle d'attente d'une administration, que j'avais tout de suite après des rendez-vous et que je pensais : "Zut, j'ai oublié de commander que ça aille vite."

Maintenant, j'étais assise là et je sentais que cela allait durer. La commande de rapidité ne marchait pas dans ce cas, car la ligne était déjà occupée par la crainte "ça dure".

Et, dans un tel cas, j'annule tout simplement la commande erronée !

Dans la salle d'attente de l'administration, j'ai annulé le fait que ça dure et… cela est allé très vite.

Un autre exemple : j'ai reçu une mission de modération, un job que je m'étais commandé. Tout était super, le salaire était bon, et tout à l'avenant.

Mais ensuite il me vint à l'esprit que cet emploi contrariait un séminaire qui se déroulait simultanément et que je voulais fréquenter avec mon ami. J'ai d'abord pensé : "OK, il ira seul." Mais cette pensée ne me satisfaisait pas tout à fait, car je remarquai vite qu'il était pour moi important d'y aller avec lui.

J'ai donc communiqué ce qui suit à l'Univers : "Merci de m'avoir envoyé si promptement ma commande. Je sais que je ne puis téléphoner pour décommander le job, car cela ferait mauvaise impression. Mais j'ai réfléchi dans l'entre-temps. S'il vous plaît, cher Univers, je voudrais annuler le job."

Eh bien, j'ai reçu un coup de téléphone par lequel on s'excusait mille fois, mais la modération ne pourrait avoir lieu. Comme dédommagement, on m'a encore offert une veste très coûteuse.

Je trouve les commandes formidables, et les annulations sont un complément de choix. Stéphanie. »

Question : *à quoi vais-je reconnaître si je commande la même chose consciemment et inconsciemment, ou bien si je m'entrave moi-même en envoyant des commandes telles que « je n'en suis pas digne », « ça ne peut pas être aussi simple, jusqu'ici, il m'a fallu tout conquérir de haute lutte », etc. ?*

Réponse : au coefficient de satisfaction ! Quand je suis satisfait de moi-même, tous les plans de mon être sont en harmonie. Plus je suis insatisfait et malheureux plus je puis être sûr que les différents plans de moi-même (inconscient, conscient et conscience supérieure) sont en conflit, en gros ou en détail.

Solution : lie amitié et paix avec toi-même. Remercie-toi toi-même fréquemment (selon la méthode Rosenberg), et veille aux besoins de ton corps, de ton esprit et de ton âme. Si tu te détends cinq minutes chaque jour en répétant mentalement la phrase « je m'aime moi-même inconditionnellement » et en le ressentant véritablement (cela peut demander de l'entraînement), les contre-commandes inconscientes, telles que mentionnées plus haut, se dissolvent.

Qui veut avancer en toute sécurité peut tester, au moyen du langage rétrograde (voir le service de commande cosmique), si son inconscient travaille pour lui ou contre lui. Tandis que l'on parle sur un sujet et que l'on exprime tout haut ce que l'on pense, le thérapeute peut découvrir, grâce à des supports sonores et au langage rétrograde, si une autre partie de l'intéressé pense « secrètement » quelque chose de tout à fait différent. La situation optimale est celle où les mêmes messages viennent vers l'arrière et vers l'avant. Ainsi, la personne est en harmonie avec elle-même. Dans le cas contraire, on apprend quelles croyances cachées on a encore en soi.

Une thérapeute munichoise en langage rétrograde m'a raconté récemment qu'elle avait comme clients des personnes ayant des qualifications professionnelles très semblables, mais des succès très contrastés dans leur profession. Ceux qui ont du succès expriment le plus souvent, en rétrograde, des choses philanthropiques et se réjouissent manifestement, sans aucune jalousie, pour ceux qui vont bien. Ceux qui n'ont pas de succès produisent en rétrograde des commentaires étonnamment fréquents comme : « Je n'accorde pas cela aux autres. Personne ne doit aller mieux que moi » et autres choses semblables. La vie est ainsi faite qu'elle réserve à ces personnes ce qu'elles n'accordent pas aux autres. La situation est difficile quand on n'est pas conscient de tels sentiments ; cependant, l'exercice des cinq minutes aide aussi dans ce cas : « Je m'aime moi-même inconditionnellement. » Car derrière l'envie se cache souvent l'attitude mentale que l'on doit être à la hauteur pour pouvoir se trouver acceptable et digne d'amour. Une fois débarrassée de ces pensées, et en mesure de se pardonner ses fautes, la personne vient dans le flux, et les désirs peuvent enfin être authentiques.

Question : *ce que tu fais là n'est-il pas de la magie noire ?*

Réponse : les Anglais ont un proverbe formidable pour cela : « Honni soit qui mal y pense. » (Fol est celui qui voit du mal en cela.) Ici aussi a tendance à être vrai ce que tu tiens pour tel, et c'est l'énergie que tu invites qui se branche.

Fondamentalement, les commandes qui améliorent ta vie, ou la vie d'autrui, ne se réalisent souvent si vite que parce qu'elles contiennent beaucoup de lumière, et par conséquent beaucoup de briques de création, au sens d'Aïvanhov (voir le chapitre « Les commandes auprès de l'Univers sont-elles quelque chose de tout à fait nouveau ? »).

Quand tu commandes quelque chose de négatif, cela ne contient pas de lumière, et cela manque de matériau de construction pour sa réalisation. Par conséquent, tu devras expédier les choses négatives sans les forces secourables et lumineuses de l'Univers.

Celui qui, cependant, n'est pas sûr de qui il a en ligne, ni de quelle énergie il utilise pour communiquer, peut parer à tout problème qui pourrait surgir en ajoutant un additif à chaque commande : « … *de manière que* ce soit pour le bien de tous les intéressés. »

Personnellement, je ne dirais pas « … *si* c'est pour le bien de tous les intéressés », car cela sous-entend que l'Univers pourrait ne pas être capable, à l'occasion, de mettre en œuvre tes commandes de manière qu'elles soient pour le bien de tous. Étant donné que beaucoup de gens pensent inconsciemment que la satisfaction de leurs désirs ne leur incombe pas véritablement, ils pensent en vérité avec la variante *si* : « Il est vraisemblable qu'il est totalement impossible, le plus souvent, de passer mes commandes de manière qu'il en sorte quelque chose de bon, et c'est pourquoi je dois continuer à souffrir. »

Quand tu anoblis ta phrase avec *de manière que,* tu pars du principe que ce qui est bon pour toi sert aussi le bien de tous, et que par conséquent il existe toujours une solution élégante qui est utile à tous.

Un exemple : une connaissance à moi travaille comme indépendante, à la journée, dans une maison de logiciels. Chaque fois que le soleil brille et qu'elle doit travailler, elle passe la commande suivante : « Hello, Univers, s'il te plaît, fais en sorte que je puisse immédiatement aller au bord du lac. » Après que, par deux fois, le principal serveur de la maison se fut planté et que tous les travailleurs indépendants eurent été renvoyés chez eux, il lui vint à l'esprit qu'il était possible que, par ses commandes, elle occasionnât un surcroît de travail à ses collègues. La fois suivante, elle modifia donc la commande pour lui donner la forme suivante : « Cher Univers, s'il te plaît, fais en sorte que je puisse me rendre immédiatement au bord du lac, mais de manière que, au moins, personne n'ait à subir d'inconvénient de ce fait. »

Cela fonctionna tout aussi bien sans que le serveur se plantât. Les plages de travail furent modifiées dans la maison, ou bien un travail s'effectua particulièrement vite et simplement, toujours est-il qu'elle fut libérée pour la journée. Ou bien un free-lance avait besoin de faire des heures, à la suite d'un urgent besoin d'argent, et lui avait demandé timidement s'il pouvait éventuellement assumer la plus grosse commande ; elle avait pris alors la plus petite et s'était retrouvée au bord du lac.

Question : *je doute quand même qu'il m'incombe d'exiger autant et constamment de l'Univers.*

Réponse : c'est seulement une suggestion ; décide toi-même : à supposer que tu aies un collègue qui fasse beaucoup moins de travail que tous les autres, et que tu penses la même chose de lui que tous les autres, à savoir que c'est un paresseux qui, de toute façon, ne s'améliorera jamais. Penses-tu alors que ce soit un jugement objectif et que tu sois totalement innocent de son état ?

Qu'en serait-il si tu avais une part de responsabilité dans le fait qu'il ne réussit pas à changer ? Qu'en serait-il si ta commande inconsciente était : « Cher Univers, mon collègue doit rester paresseux et ne jamais trouver la voie de son potentiel complet. Par la présente, je commande qu'il reste dans son trou. »

Peut-être que ton collègue commencerait à changer peu à peu si tu le regardais avec la pensée : « L'âme de chaque personne est belle et saine, et je sais que la tienne l'est aussi. Je suis convaincu que tu peux trouver aussi le chemin d'une vie parfaitement heureuse. Je te le souhaite. »

Tu peux alors être sûr, au moins, que tu ne seras pas concerné s'il n'avance pas.

Qu'en serait-il (c'est seulement une suggestion) si nous étions tous, de toute façon, connectés en permanence avec tout, que nos pensées s'influençaient mutuellement et que nous participions toujours à la création collective de la réalité ? Ne serait-il pas préférable, dans ce cas, d'expédier chaque jour moins de commandes inconscientes et plus de commandes conscientes ?

Question : *qu'en est-il si je traverse une très mauvaise passe ? Ai-je alors encore une chance en passant ces commandes, ou bien ne vais-je pas commander encore plus de frustration avec de telles pensées ?*

Réponse : la vie s'intéresse aux gens heureux, car ils respectent la nature et leurs semblables. Par conséquent, toute la nature n'est que trop heureuse quand quelqu'un s'ouvre, se sort de son marécage – et quand, en outre, il est encore prêt à accepter les aides universelles. Car cela va alors beaucoup plus vite.

Même si le monde, en dernier ressort, est ce que nous pensons de lui, l'Univers se réserve la possibilité d'envoyer sans cesse des « cadeaux publicitaires » (des livraisons liées à d'heureux hasards) afin que nous reconnaissions que nous ne sommes pas de pauvres victimes, mais que nous avons la force de coopérer activement au remodelage de notre vie.

Toutefois, si j'ai refusé dix fois d'accepter la livraison de mon job (je te recommande de faire alors le test que tu trouveras à la fin du livre), les cadeaux publicitaires cesseront pour un moment dans ce secteur. Je devrai alors fournir des efforts dans les limites, le plus souvent étroites, des probabilités statistiques.

Dans un tel cas, il est conseillé de renforcer sa confiance dans le service de livraison universel en se tournant vers d'autres domaines, et de commander pendant un certain temps plus de choses, par exemple, dans les domaines suivants : aides dans le quotidien, recherche de solutions et d'idées, nouvelles amitiés formidables, gentils contacts de voisinage, une surprise positive chaque jour, etc.

Question : *qu'en est-il au juste de la gratitude ? Si je ne paie rien, la moindre des choses serait de remercier comme il faut !*

Réponse : remercier est toujours une bonne chose. Mon impression étant toutefois que la meilleure façon de remercier est d'être heureux de la livraison. Celui qui remplit des formulaires de remerciements en sept exemplaires mais qui, en dépit de toutes les livraisons, reste grognon et malheureux, s'est certes comporté de manière apparemment « correcte », mais l'Univers ne se laisse pas tromper. Il sait aussitôt que le véritable sentiment de gratitude, face à la vie, manque. Car cela serait automatiquement relié à la joie.

Pour le cas où tu aurais des problèmes avec le sentiment de gratitude, tu pourrais t'exercer aux remerciements par la variante Marshall Rosenberg (voir le chapitre « Le langage de la girafe »). C'est très efficace.

Être reconnaissant de cette façon nous aide aussi à être en paix avec notre situation présente, quel que soit son aspect. Mais à peine sommes-nous en paix que nous en retirons des forces intérieures et extérieures, grâce auxquelles nous pouvons obtenir tout ce que nous voulons vraiment.

Question : *d'anciens modèles et des implications familiales, de même que les cycles astrologiques, n'agissent-ils pas aussi sur notre vie ? Il y a des périodes de flux et de reflux dans l'horoscope. Que l'on puisse obtenir la satisfaction des désirs les plus divers en période de flux, je peux bien l'imaginer ; mais non en période de reflux. Et, de la même manière, ne doit-on pas commencer par dissoudre de vieux modèles venus de l'enfance, etc., afin de ne pas commander inconsciemment quelque chose de différent de la commande consciente ?*

Réponse : oui et non. Selon mon impression personnelle, l'inconscient agit d'autant moins que nous sommes plus clairement présents dans notre conscience actuelle.

En d'autres termes : les modèles issus du passé, de même que les astres, ont moins d'influence sur une conscience éveillée que sur une conscience à demi endormie. Carsten, mon vieux compagnon de commande, dit toujours : « Il y a des cycles dans la vie, c'est clair. Mais, autrefois, j'ai eu des bons et des mauvais jours ; aujourd'hui, j'ai de bons jours et des jours encore meilleurs. » La question est de savoir entre quoi et quoi on veut fluctuer ! Quand on restaure son énergie propre principalement dans les périodes de reflux (par exemple par la méditation ou en se faisant davantage du bien à soi-même et en élevant la qualité des échanges interhumains – cela donne beaucoup d'énergie, etc.), et qu'ainsi **on instaure en soi-même un flux énergétique**, alors l'Univers peut également livrer en période de reflux.

Et celui qui est conscient et présent dans l'ici et maintenant, et s'y sent bien, voit se dissoudre d'eux-mêmes les anciens modèles (voir le sous-chapitre « Make a stronger Commitment to Yourself (Souscris un engagement plus fort envers toi-même) » dans *Comment passer commande auprès de l'Univers*).

Question : *je m'appelle Sarah et suis la petite amie de Bodo. Sa femme s'appelle Clara ; nous nous trouvons dans une situation très embrouillée. Nous avons lu tous les trois* Comment passer commande auprès de l'Univers. *Et maintenant, chacun d'entre nous a commandé quelque chose de différent.*

J'ai commandé que Bodo quitte enfin sa famille et vienne avec moi. Clara a commandé qu'il rompe avec moi et reste dans sa famille. Et Bodo m'a confié hier qu'il ne peut plus supporter la pression que nous exerçons toutes les deux sur lui, et qu'il a maintenant passé aussi une commande auprès de l'Univers. À savoir, de se débarrasser de nous deux de la manière la moins compliquée possible ! Il veut se séparer de Clara aussi bien que de moi-même. C'est incompréhensible. Que dois-je faire maintenant, et quelle est la commande qui va être livrée ?

Réponse : chère Sarah, merci pour cette merveilleuse question, car elle montre à l'envi pourquoi il est tout simplement impossible de se commander certains comportements d'autres personnes. Cela équivaudrait à commander qu'ils abandonnent leur libre arbitre. CELA NE MARCHE PAS !

Tu pourrais commander la clarté sur la question de savoir si Bodo se séparera jamais de sa famille ; et, dans la négative, tu peux te commander le partenaire idéal, qui te convienne et voudra aussi vivre avec toi. Mais tu ne peux pas commander qu'un individu précis se rende compte qu'il est ton homme de rêve, parce que tu le veux ainsi. Imagine qu'un quelconque voisin, que tu connais à peine, se commande ta personne comme épouse. Comment réagirais-tu si l'Univers faisait une telle livraison ?

Clara pourrait commander par exemple que son mariage trouve son potentiel maximal et – si cela représente quand même une séparation parce qu'ils ont pris l'habitude de vivre chacun de son côté – se commander alors une « séparation aussi douce que possible ». Et Bodo pourrait se commander davantage de clarté, éventuellement aussi un caractère plus fort. Ou encore se commander de ne plus se détraquer l'estomac en lampant la soupe qu'il s'est lui-même cuisinée (c'est-à-dire résolution de la situation dans la paix maximale). Mais se commander que vous deux lampiez seules sa soupe, il ne le peut pas non plus.

Question : *que signifient au juste ces sornettes comme quoi il faut accepter ce qui est, dont tu ne cesses de parler ? Si j'accepte tout tel que c'est, ne suis-je pas un crétin passif qui accepte tout tel quel et ne change jamais quoi que ce soit ?*

Réponse : tu as raison. Beaucoup de gens ont interprété l'acceptation de ce qui est de telle sorte qu'ils acceptent tout passivement, mais le contraire est également possible. Par l'acceptation de son propre lieu dans la vie, on peut trouver des plus facilement l'itinéraire optimal pour se rendre là où on voudrait vraiment aller. On le comprendra peut-être mieux sur la base d'un exemple : si je veux aller dans le port de Hambourg, mais que je suis à Francfort, il me faudra d'abord prendre le train, une voiture ou un avion. L'autobus ou le métro ne suffiront pas pour aller de Francfort au port de Hambourg. Si je ne veux pas admettre l'endroit où je suis, je suis quelque part aveugle à ce fait. Je commande à l'Univers :

« Montre-moi le chemin du port de Hambourg. » Et l'Univers me répond par toutes sortes de signes et de d'insinuations qui disent que je dois aller à la gare à un certain moment parce que, par exemple, quelqu'un vient d'y perdre un ticket de train valable pour Hambourg (dans le cas où je manque d'argent pour payer mon transport).

Mais si je refoule ce qui est, et où j'en suis dans la vie, je ne comprendrai jamais ces signes, car je penserai en effet : « Non, je ne veux pas aller à la gare, je veux aller au port de Hambourg. »

Mais, si je suis à Francfort, je dois d'abord, d'une manière ou d'une autre, parvenir à Hambourg. Si je refoule ce qui est, il peut devenir très pénible de trouver le chemin de là où je veux aller, et c'est pourquoi je parle d'accepter ce qui est, car autrement on mènerait un combat insensé. En effet, l'herbe ne pousse pas plus vite quand on tire dessus. Mais si j'accepte la lenteur que met l'herbe à pousser toute seule, et que je veux néanmoins qu'elle pousse plus vite, je ne tire pas dessus comme un enragé : je me tourne intuitivement vers des possibilités réalistes. Il existe, en agriculture alternative, des voies et moyens pour amener les plantes, d'une façon totalement biologique, à accélérer leur croissance (voir par exemple *Die Geheimnisse der guten Erde* [*Les secrets de la bonne terre*], de Christopher Bird et Peter Tompkins) ;

l'Univers et mon intuition peuvent m'indiquer, grâce à des tuyaux, comment parvenir à de telles informations dès que je suis ouvert à de nouvelles possibilités en partant d'un point de vue réaliste.

Pour terminer, citons encore la demande spéciale d'un lecteur bien particulier :

Bello, de Lüneburg, voudrait savoir : « Oua-oua, c'est du tonnerre, cette histoire de commandes. Les chiens peuvent-ils aussi commander ? Je serais très reconnaissant d'avoir une réponse, ouff. »

Il m'est arrivé juste à temps une lettre de lecteur émanant de la chienne Zeetah (elle l'a dictée à son Petit Maître) :

> « Hier, j'étais en route avec mon Petit Maître. Pour que ce soit moins ennuyeux, je me suis tout de suite commandé une baballe, que j'ai pu trouver sous une haie, en cours de chemin. C'était une très belle baballe : rouge-orangé, avec pas trop d'air, afin qu'on puisse y mordre commodément. Naturellement, mon Petit Maître a tout de suite voulu jouer avec moi au jeu stupide de «rapporte-moi la baballe», et bien sûr j'ai accédé à son désir deux ou trois fois, on ne se refait pas.
>
> Quand ensuite nous sommes parvenus sur la belle prairie, j'ai bien sûr commencé à enfouir la baballe. Je ne fais pas ça correctement, je creuse seulement un peu

le sol, je mâche les tranches de gazon et je teste pour voir si la baballe s'y adapte. Mais, la plupart du temps, je la reprends. Aussi, je ne comprends pas ce qu'a mon Petit Maître quand il crie «pfui» et se démène comme un beau diable. La pelouse est bien là pour être piochée, n'est-ce pas ? Demandez aux taupes. D'ailleurs, je ne creuse pas de trous particuliers sur le chemin, là où quelqu'un pourrait marcher et se fouler le pied. Les bipèdes n'ont qu'un seul pied en réserve, je le vois bien.

Normalement, je suis un animal très coopératif ; mais, de temps en temps, il est également indiqué de faire la sourde oreille et de continuer. Surtout lorsqu'il s'agit d'enfouir des balles. As-tu déjà essayé ? C'est tout simplement le top. Le Petit Maître se calmerait bientôt, pensais-je.

Mais il ne s'est pas calmé. Il a placé la balle dans un buisson, à peu près à la hauteur de ses yeux, et puis il est parti. J'ai vu cela comme un défi sportif, j'ai récupéré la balle, je suis passée près de mon Petit Maître sans le gratifier d'un regard et je me suis choisi un nouveau lieu d'enfouissement. Au milieu de la prairie, très loin du chemin. Et puis, il a recommencé son numéro et ses «pfui» ! Encore heureux que personne ne soit passé et ne l'ait vu ainsi. Cela m'eût été très pénible.

Il a encore replacé deux fois la balle dans le buisson, et il l'a jetée deux fois dans l'eau – aucun problème pour moi. La dernière fois (la sixième peut-être), cependant, il s'est cherché un arbre et il a mis la balle dans la fourche de deux branches, si haut que j'aurais à peine pu l'atteindre en sautant normalement. Pour ne pas trop me fatiguer, j'ai préféré me poster sous l'arbre et aboyer vigoureusement. J'ai une voix belle et grave, qui porte loin. Normalement, il n'aime pas trop ça le matin, et il fait ce que je veux pour avoir la paix, mais cette fois-ci, il s'est simplement éloigné. Typique de l'homme, tout de suite vexé.

J'ai alors passé une commande auprès de l'Univers : que quelqu'un de plus compréhensif me rapporte la balle ; oh, merveille, dès que mon Petit Maître fut hors de vue, deux vieilles dames à vélo sont passées et m'ont rendu la balle. Lorsqu'elles ont doublé mon Petit Maître, elles lui ont dit que ce n'était pas gentil de mettre la baballe du chien dans un arbre, et Petit Maître a seulement répondu que c'était une longue histoire. Personne n'a voulu lui prêter l'oreille.

Je me suis alors commandé une seconde balle afin que Petit Maître en ait une et me laisse enfouir l'autre tranquillement, et cela a marché. Mais sa balle de tennis était plus belle que la mienne, et c'est pourquoi je la lui ai prise, et lui ai offert la vieille balle en échange. Mais il a fait la fine bouche : pas assez d'air à l'intérieur, trop de boue, etc. Il est rentré sans balle à la maison. Ce n'est pas mon problème. J'ai abandonné la vieille balle à un collègue.

> Par conséquent, dis à tes maîtres que, s'ils veulent apprendre à passer des commandes, ils doivent simplement s'inspirer de leurs animaux domestiques. Un chien obtient *toujours* ce qu'il veut. Et c'est la patte tendue que, chez nous, on raconte des histoires semblables à propos des chats.
> Zeetah, la chienne. »
> Eckehard Rechlin, *Herrchen und Sekretär von Zeetah* [*Petit Maître et Secrétaire von Zeetah*]

Passons aux tops et aux flops, qui informeront peut-être un peu sur le flair de ceux qui passent des commandes avec succès, et trahiront le secret de leur réussite.

Un flop

Jörn voulait se rendre à la ville voisine pour un rendez-vous. D'abord, le tramway était défaillant. Lorsque ensuite il est allé à la gare, il rata de deux minutes le train qui se rendait dans cette ville, et le suivant ne partait que deux heures et demie plus tard. Il se mit en colère, puis se souvint des commandes passées auprès de l'Univers : « C'est une telle merde ici, que faire ? Je commande maintenant d'arriver à temps pour mon rendez-vous. Je suis bien curieux de voir si toi, Univers formidable, tu auras encore une idée géniale, ou bien si tout cela n'est que foutaise... »

Il s'assit, fumant de colère, au bar de la gare, et guetta un miracle. Il n'en vint pas.

La seule chance qu'il eut, ce fut d'entendre sur son répondeur, une fois rentré chez lui, la voix de la personne avec laquelle il avait rendez-vous : elle lui demandait de remettre le rendez-vous, à la suite d'un contretemps. Mais, aux yeux de Jörn, ce n'était pas une excuse, pour l'Univers, de ne pas avoir effectué la livraison.

Un top

Peter avait décidé, à l'automne 2000, de venir à l'un de mes séminaires dans la localité de Kisslegg (Allgäu), un endroit perdu mais très beau. Le séminaire commençait le vendredi soir et il partit en voiture le vendredi midi. Malheureusement, il n'alla pas loin. À 200 kilomètres du lieu du séminaire, il resta en carafe sur l'autoroute, sa boîte de vitesses étant cassée.

« Bon, je vais à un séminaire sur les commandes auprès de l'Univers », pensa-t-il, très décontracté. « Je vais donc commander d'arriver malgré tout à bon port, d'une façon ou d'une autre ! » Il s'assit donc, confiant, dans la voiture en panne, et attendit. Au bout de quelques minutes, il réfléchit toutefois : « Bon, peut-être que je devrais faire au moins QUELQUE CHOSE, pour participer. Je vais quand même descendre de la voiture. » Aussitôt dit, aussitôt fait.

Il n'était pas depuis trois minutes sur la bande d'arrêt d'urgence, auprès de sa voiture, quand une aimable dame s'arrêta. Il se révéla – comment aurait-il pu en être autrement ? – qu'elle était en route pour une ville voisine de Kisslegg ; elle conduisit notre Peter jusqu'à la porte de la maison du séminaire, comme souhaité.

Comme elle avait un téléphone mobile, il put régler en route l'évacuation de sa voiture. En fait, il abhorrait les portables, et tout particulièrement ces bruits agressifs que ce genre de chose émet d'habitude. Peter ne connaît qu'une mélodie qui lui soit agréable – et c'était sur celle-ci précisément que le portable était réglé. Mentalement, il remercia aussitôt l'Univers de cette « friandise supplémentaire ». « Le trajet fut ensuite si agréable que je n'arrêtai plus de remercier », rapporta-t-il, enthousiaste, quand il fut enfin déposé chez nous. Une livraison réussie de bout en bout.

Où est donc la différence entre les deux cas ci-dessus ? Pourquoi l'un a-t-il réussi, et l'autre non ? Ils étaient tous deux invraisemblables. Trouve une solution que tu ressens comme convenable. Il y a, comme je l'ai dit, diverses possibilités ; ce qui est important, ce n'est pas que quelque chose soit « absolument correct », mais que tu sois capable, dans ton propre quotidien, de développer un flair pour « la petite différence dans ton for intérieur ».

Un flop

Extrait d'une lettre de lecteur.

> «Je croirais volontiers à votre service de commande, mais je ne le puis pas, tant la vie me joue de vilains tours. Ce n'est pas juste, car je suis vraiment l'un des rares hommes encore bons dans ce monde ; mais je ne cesse de combattre et ne vois aucune récompense.
>
> Chaque jour… (10 lignes de récriminations)… et mon collègue devrait enfin cesser… (de nouveau, longues récriminations). S'il y avait encore une justice en ce monde, alors il devrait (le collègue)…
>
> Il y a tant de mal et d'injustice en ce monde, et la vérité est que ceux-ci atteignent toujours les faibles…
>
> Salutations, F.K. »

Un top

Extrait d'une autre lettre de lecteur.

> «Je n'étais nullement à la recherche de miracles, ni de possibilités de commande. Non, j'étais à la recherche d'une bonne voie pour maîtriser ma vie. C'est pourquoi, ces derniers mois, j'ai lu tous les livres imaginables.
>
> Jusqu'à ce qu'un ami me raconte quelque chose à propos des «commandes de parkings» et me mette sous le nez un article sur ton livre. "Qu'est-ce que je peux en

faire ? pensai-je, tu as lu tant de livres et tu n'as rien appris. Jetons-y quand même un coup d'œil." Et c'est ce que je fis. J'ai d'abord lu ton petit livre, puis je me suis accordé cinq jours de réflexion... Et puis j'ai lu ton deuxième livre, un livre plus gros, et cela aussi fut une source d'illumination.

La lumière m'est apparue dès le premier livre, mais le second rend tout encore plus clair. Et, Bärbel, ce n'est pas la technique de commande qui, dans ton livre, est pour moi importante, mais la manière dont on devient celui qui passe les commandes avec succès. Et cette manière, j'en ai fait la règle de ma nouvelle vie : "Souscris un engagement plus fort envers toi-même" et "Connais-toi toi-même". Et l'important, pour moi, c'est comment on le fait. Tu décris cela à la perfection, et je puis facilement le traduire dans la réalité. Sois-en remerciée.

Salutations. Mehmet. »

Je sais qu'il est stupide de comparer les deux exemples ci-dessus, mais cela illustre si bien la chose. La première lettre contient en masse des commandes inconscientes sous la forme de croyances, telles que : « Ce ne sera pas », « je ne crois pas », « toujours sur les petits », « je dois combattre »...

Quand plus de 50 % de mes sentiments quotidiens ont une TELLE allure, c'est exactement ce que je reçois.

Quand, dans la vie quotidienne, tu abordes quelqu'un avec les mots suivants : « Je ne crois pas que cela ait un sens de TE donner une chance et, si ce pouvait être le cas, fais d'abord tes preuves avant de prétendre à mon amitié. » Il est certain qu'ensuite celui-là n'éprouvera plus le besoin d'être ton ami. À mon avis, l'Univers lui-même se comporte de façon neutre et ne juge pas, mais offre toujours les livraisons. Cependant, si tu omets d'être ton propre ami, tu rateras régulièrement les commandes et tu seras aveugle à toutes les occasions. Comme d'habitude : tu dois être plus gentil envers toi-même ! Veille à bien te sentir avec toi-même ; alors, tu sentiras de nouveau l'Univers en toi et tu pourras aussi voir les livraisons.

14

CELUI QUI PASSE COMMANDE PEUT SE TESTER LUI-MÊME. SUIS-JE DE CEUX QUI REFUSENT LES LIVRAISONS ?

Suis-je de ceux qui refusent les livraisons, ou bien l'Univers, chez moi, frappa-t-il à la bonne porte ? Tu peux le découvrir à l'aide du test suivant.

1. Interroge-toi : où en suis-je à présent dans ma vie ? Suis-je en paix avec tout *ce qui est*, ou bien y a-t-il des domaines où je suis en discorde ?

Solution : si tu es en paix avec tout, tu te trouves dans les conditions optimales pour commander pêle-mêle tout ce que tu voudrais vivre encore.

S'il y a des domaines où tu es en discorde, le paradoxe de la vie est que ces domaines resteront tels quels d'autant plus longtemps qu'ils te seront plus insupportables. On ne colle à rien tant qu'aux choses qu'on ne peut souffrir. On alimente involontairement ces choses par son énergie, et on les aide ainsi à continuer de croître.

Réfléchis à la situation où tu te trouves quand tu ne peux supporter une personne et que tu dois passer ton temps dans la même pièce qu'elle. Quelle quantité d'attention, et donc d'énergie, gaspilles-tu automatiquement avec cette personne ? Il en va de même avec tout ce que tu rejettes : tu l'alimentes régulièrement de ton énergie.

Fais donc tout pour conclure la paix avec les domaines de ta vie que tu voudrais changer. Dès que tu es en paix, la force de changer coule automatiquement en toi. « The Work » de Byron Katie peut t'aider à conclure la paix, de même que le livre *Mary* et le travail des fans d'Ella Kensington, ainsi que celui de Marshall Rosenberg, qui nous inculque en tout premier lieu la communication douce avec nous-mêmes.

2. Quels sont ceux des sentiments et des états intérieurs suivants que tu éprouves fréquemment ?

   <u>Ceux qui entravent</u> :
   - être offensé ;
   - être exigeant ;
   - être crispé, vouloir obtenir absolument quelque chose ;
   - se sentir victime ;
   - être méfiant.

   <u>Ceux qui font avancer</u> :
   - être ouvert à la nouveauté ;
   - être enclin à la conciliation ;

- être souple ;
- être permissif ;
- être joyeux ;
- être décontracté ;
- être confiant.

Solution : pensées et sentiments créent la réalité. Par conséquent, qu'est-ce que je plante et qu'est-ce que je sème ? Est-ce que je plante des orties et voudrais récolter des tournesols ? Qui sème la laideur ne saurait, à la longue, récolter la beauté. Souviens-toi : tu n'es pas n'importe qui, tu es un maître en création de ta réalité personnelle. Il est par conséquent important que TU fasses attention à ce que tu te crées.

3. Tu as passé une commande de changement particulièrement grosse, pour ta vie, et peu après toutes sortes de gens te font les offres les plus étranges et t'invitent à des manifestations inhabituelles. Que fais-tu ?
   a. Je dois respecter mon état de bien-être et, dans les choses que je ne connais pas, je ne me sens pas bien. Par conséquent, je repousse toutes les offres.
   b. Je suis certes un peu mal à l'aise, mais je vais faire quelques tentatives prudentes pour voir comment je me sens. Ce sera peut-être mieux que je ne me le figure à présent.

Solution : si tu es las de l'ancien et que tu te commandes quelque chose de nouveau, mais qu'ensuite tu repousses toute nouveauté, l'Univers a vite fait d'écrire sur son fichier, en face de ton nom : « Renvoie toutes les livraisons, cas difficile. »

Si tu veux suivre un cours accéléré, fais régulièrement des choses que tu as tenues jusqu'ici pour folles, puériles, niaises ou parfaitement anormales. Trouve parmi ces choses celles qui te donnent quand même du plaisir, et redécouvre LA VIE. Vivre intensément est sans doute incompatible avec la répétition sans fin de ce qu'on connaît depuis longtemps.

4. Quand tu commandes quelque chose auprès de l'Univers et que ça marche, qui remercies-tu alors ?

a. Moi-même.

b. L'Univers.

c. Nous deux ensemble.

4.1. Quand tu commandes quelque chose auprès de l'Univers et que ça ne marche pas, qui est coupable ?

a. L'Univers et le destin.

b. Cette méthode stupide, qui ne vaut rien.

c. Ce ne peut être moi, en aucun cas.

Solution : il est intéressant de constater quelle variété de formes peut prendre un défaut de prise de responsabilités : quand quelque chose ne marche pas, la faute en incombe à l'autre ; mais, quand ça marche, cela a été mon œuvre. En pensant « ça n'a pas été moi » en cas de flop, tu crées en même temps en toi un sentiment d'impuissance, de faiblesse et de « je ne peux rien faire, de toute façon ». Mais c'est justement quand quelque chose ne fonctionne pas immédiatement que tu aurais besoin du contraire, à savoir de force et de vigueur.

Tu devras prendre d'abord la décision de vouloir croire que tu peux ou non te créer à toi-même tes conditions de vie, et les influencer. C'est seulement ensuite que le résultat de cette décision se manifestera dans ta vie ; l'Univers ne fonctionne pas en sens inverse, selon un processus où il te fournirait d'abord des preuves, et où ensuite tu pourrais croire. Vu que tu te crées ta situation par ta croyance, le fonctionnement est à sens unique.

Imagine que quelque chose ne marche pas et que tu ne sois pas le créateur de ta réalité ; alors tu es livré à la situation sans pouvoir faire grand-chose.

Imagine que quelque chose ne marche pas et que TU en sois le déclencheur. TU as créé cela. Il ne te reste plus alors qu'à vérifier en toi-même AVEC QUOI exactement tu as créé cette situation, et tu sais déjà selon quels principes tu produis des réalités… et tu peux changer ces principes !

Commence par l'entreprise audacieuse, absurde, de te sentir responsable de tout ce que tu vis, de tout ce qui t'arrive. Et rends-toi aussi responsable du manque de choses et d'occasions – mais ne t'en veux pas pour cela, sois gentil et patient envers toi-même, comme envers un enfant qui vient d'apprendre quelque chose de nouveau. Tu deviendras alors un as en matière de commandes, et bientôt tu ne rateras plus aucune livraison.

5. Qu'est-ce qui, à ton avis, est essentiel quand je passe une commande auprès de l'Univers ?
   a. Que, au moyen de la technique appropriée, je veille à ce que l'Univers entende aussi ma commande. S'ils ne m'entendent pas, tout est perdu. Mon humeur fondamentale, dans la vie, n'a rien à voir avec ma commande. Il est clair, en définitive, que je m'y prends mal tant que la chose commandée n'est pas là.
   b. Que, au moins à long terme, dans l'essence globale de mon être, je rayonne ce que je voudrais être et voudrais avoir, car alors, de toute façon, j'attire magnétiquement la même qualité chez les personnes

et dans les situations. La vie extérieure est un miroir de ma vie intérieure et me montre toujours la même qualité.

Beaucoup de gens espèrent en vain pouvoir être un corps résonnant permanent aux événements tragiques, et qu'on leur envoie néanmoins le paradis. Mais, au moins à long terme, cela ne fonctionne pas ainsi ; cela fonctionne tout au plus comme une « friandise d'encouragement » venant d'en haut.

Qui intérieurement ne change rien continue quasiment de commander inconsciemment « l'enfer » et espère que, d'une manière ou d'une autre, on lui livrera « le ciel ». Mais, malheureusement, nous ne sommes pas seulement responsables des commandes positives, nous le sommes aussi des commandes négatives (inconscientes, automatiques).

Celui qui s'imagine pouvoir être négatif toute la journée, pouvoir accuser tout et chacun, pouvoir se considérer comme une pauvre victime, pouvoir gémir et rouspéter – et n'avoir plus ensuite qu'à presser une sorte de « bouton vert », commander auprès de l'Univers, et toc, il vivra au paradis jusqu'à la fin des temps – celui-là est malheureusement à côté de la plaque.

Mais ne te fais pas de soucis : en fin de compte, tous les problèmes ne sont que la manière qu'a la vie de te dire que tu dois enfin être plus gentil envers toi-même !

Quand tu commenceras à saisir cela, tout changera de toute façon, morceau par morceau.

6. Peux-tu être paresseux et, dans l'affirmative, de quelle manière es-tu paresseux ?
   a. Oh, oui, être paresseux, je le puis. Par exemple, je déteste laver la vaisselle et, comme je n'ai pas de lave-vaisselle, je commence par tout mettre dans l'évier. Malheureusement, les restes de nourriture sèchent et, au bout d'une semaine, commencent à moisir. La situation est inconfortable.
   b. Moi aussi, je déteste laver la vaisselle. Et c'est précisément pour cela que je lave tout immédiatement, afin que ça ne sèche pas et que ça ne me cause pas un surcroît de travail non désiré. Je me suis offert un égouttoir génial où je pose simplement la vaisselle et où elle reste jusqu'à sa prochaine utilisation. L'égouttoir a un bel aspect et je gagne du temps, n'ayant plus ni à essuyer ni à ranger la vaisselle.

Solution : vois-tu une différence entre les deux réponses ? On peut être paresseux de manière efficace, en s'épargnant du travail, et l'on peut aussi être paresseux en s'infligeant un énorme travail supplémentaire. Le service de livraison universel fait des merveilles avec les gens de la catégorie b, parce qu'ils ont des idées créatives infinies pour diminuer leurs efforts dans la vie quotidienne. Qui collabore avec l'Univers peut doubler, voire tripler, son efficacité dans presque tous les domaines de la vie ; et même, dans de nombreux cas, la multiplier par dix ou davantage. Moins de travail, tout en obtenant davantage, voilà qui est une bonne affaire ! Si on y réfléchit, presque toutes les inventions sont fondées sur cette sorte de « paresse efficace ». Il y eut un homme trop paresseux pour tout porter lui-même, et il inventa la roue. Beaucoup plus tard, il y eut un homme trop paresseux pour rédiger à la main de longs textes, et il inventa la première machine à écrire mécanique, etc. On doit pouvoir être efficacement paresseux.

7. L'effet placebo signifie que, par exemple, on peut aussi se débarrasser de son mal de tête avec un comprimé de sucre de raisin si l'on croit que c'est le bon médicament. Es-tu le type chez qui cinq vrais comprimés contre le mal de tête pris d'un seul coup n'ont aucun effet, parce que tu es convaincu que tu es un cas particulièrement difficile et que chez toi, de toute façon, rien n'agit ?
   a. Non !
   b. Oui !

Solution : dans le cas a, c'est une chance. Dans le cas b, tu voudrais utiliser à ton avantage la force de la croyance, mais ta croyance actuelle est opiniâtrement contre toi. Tu ne crois même pas aux « faits habituels de la physique pure et dure », mais penses être un cas encore plus difficile. Se peut-il que ton éducateur intérieur soit d'avis qu'il faille être dur envers toi-même ?

Établis-toi une liste d'idées qui te permettent d'être doux envers toi-même, et mets-la en pratique. Exemple : si tu es particulièrement ordonné, tu pourrais t'autoriser, de temps en temps, à déjeuner au lit le matin et à répandre des miettes partout – et voir si tu peux aussi y prendre du plaisir.

8. Tu entends parler de gens qui commandent les choses les plus grotesques, et les reçoivent néanmoins. Tu as connaissance de guérisons spontanées d'aveugles et de paralysés, qui de surcroît sont documentées scientifiquement. Tu vas personnellement chez une extralucide, ne prononces pas un mot, t'assois sur une chaise et elle te débite ta situation de vie actuelle, tes conditions familiales et ton état de santé. Tu remarques que, dans les moments où tu fais quelque chose qui te plaît particulièrement, tu reçois de quelque part une énergie supplémentaire et que tes performances augmentent à un niveau que tu ne peux toi-même t'expliquer. Tu fais

des lectures sur des enfants clairvoyants qui, les yeux bandés, lisent des textes ou décrivent des images. Puis tu te retrouves seul chez toi. Que penses-tu des forces de l'esprit et de ses possibilités ?

a. Je ne pense rien du tout. Je ne comprends pas et je repousse cela dans un coin de mon cerveau, où je finis par l'oublier.
b. Je suis enthousiasmé et je fais des plans pour incorporer de telles forces dans mon quotidien, et pour les exploiter.

Solution : sans commentaire.

9. Tu as commandé quelque chose auprès de l'Univers, et la livraison se fait attendre. Que fais-tu ?
   a. Je gémis et je boude parce qu'en fin de compte je ne suis qu'une pauvre brute.
   b. Je me rappelle que tout ce qui manque de joie doit être compensé par plus d'action, et par conséquent je me soucie quotidiennement de ma « dé-frustration », afin que les paquets trouvent le chemin de ma maison.
   c. Je commande encore une fois la même chose, et même trois fois pas jour, ou bien je modifie un peu chaque jour la formulation et le contenu de la commande.

d. J'envoie une réclamation à l'Univers, et je demande un signe pour savoir à quoi ça tient. Est-ce que je rate les petits paquets parce que je suis à côté de la plaque, ou bien cela tarde-t-il parce qu'une grosse surprise est en cours d'élaboration et que, tout comme une bonne bière, elle a besoin de temps ?

Solution : ici, deux réponses sont favorables à une livraison rapide, et deux autres ont un effet fortement inhibiteur et retardant. Je suppose que tu sais lesquelles sans qu'il soit besoin d'insister.

10. Comment choisis-tu CE QUE tu commandes ?

a. Je regarde autour de moi pour voir ce que les gens ont et comment ils vivent, et j'écoute ce qu'ils disent et conseillent. C'est ensuite ce que je commande. Mon besoin fondamental est de m'en tenir dans tous les cas aux normes sociales afin de ne me cogner nulle part.
b. Mon astrologue m'a dit : « Chaque fois que tes plans de vie plaisent à tes parents, tu sais que tu es mal branché et que tu t'es écarté de ton chemin. » Je commande donc systématiquement le contraire de ce que les autres attendent de moi.

c. Je commande conformément à mon sentiment de bien-être personnel, que Pierre et Paul soient pour ou qu'ils soient contre. L'essentiel, c'est ce qui me correspond.

Solution : a est la même chose que si tu commandais : « Hello, Univers, je suis moi-même un pauvre ver insignifiant. De toute façon, les autres savent tout mieux que moi. Par la présente, je commande que tous les autres soient heureux, je ne suis pas si important. »

b est également une stratégie pour se mettre soi-même hors du coup. Dans ce cas, la commande inconsciente est la suivante : « Les autres doivent s'en irriter. C'est plus important que la question de savoir si les commandes me font du bien. »

On reconnaît en c le passeur de commandes avancé, qui commande au plus vite sa variante individuelle de bonheur, et qui la reçoit.

D'ailleurs les commandes par lesquelles on se rend malheureux durent beaucoup plus longtemps que celles par lesquelles on se rend heureux !

15

PLAN HEBDOMADAIRE POUR AMÉLIORER L'INTUITION

En te réveillant, prends chaque jour cinq minutes pour toi-même et mets en œuvre la « gratitude de la girafe » selon Marshall Rosenberg. Remercie-toi toi-même et remercie quelqu'un d'autre dans le langage de la girafe, c'est-à-dire en mentionnant ce qui t'a plu, en énumérant les sentiments positifs que tu as eus en ces occasions et en indiquant les besoins qui ont ainsi été satisfaits. Réfléchis à la personne à qui tu pourrais aujourd'hui exprimer ta gratitude en girafien.

Lundi

À un moment quelconque de la journée, prends quinze minutes pour un petit exercice de détente. Établis-toi une liste de tout ce que tu aimes en toi, et médite ensuite dix minutes sur la phrase : « Je m'aime moi-même inconditionnellement. »

Mardi

Réfléchis aujourd'hui aux détails qui, dans ta vie, ne sont pas encore parfaits. Fais du mardi le jour d'accomplissement des vétilles désagréables, et établis-toi une liste des coins sombres qui existent encore dans ta vie (les gros problèmes n'ont pas leur place dans cette liste). Puis réfléchis à la manière dont tu peux *soit* allumer une lumière dans ces coins sombres, *soit* quitter ces taches sombres et gagner la lumière.

Peut également faire partie du programme le rangement d'un coin en désordre depuis des années, ou d'une étagère, de ton appartement, ou encore le tri de vieilles photos, l'aération de ta garde-robe ou la mise à jour de ton courrier en retard. Tu peux aussi nettoyer ta voiture, embellir ton jardin, te chercher un nouveau coiffeur. Prends au moins trente minutes pour « porter la lumière dans les petits coins sombres » et imagine pour toi quelque chose de créatif.

Mercredi

Cette journée est choisie comme jour de la nature. Entendre distinctement la voix de l'intérieur et utiliser les forces de l'esprit – jusqu'aux guérisons miraculeuses et définitives, à la clairvoyance, etc. – ont quelque chose à voir avec la redécouverte de notre propre nature intime.

À la télévision, nous ne retrouverons que difficilement le miracle de notre force spirituelle.

Ce jour-là, prends donc au moins vingt minutes pour observer intensément la nature. Que tu embrasses des arbres, que tu t'assois au bord d'un petit ruisseau ou que tu regardes le mouvement des feuilles dans le vent est parfaitement indifférent. Représente-toi que la force qui a créé tout cela gît aussi en toi, et que tu peux utiliser cette force qui est tienne.

Jeudi

Diable, aujourd'hui est un jour particulièrement difficile. Tu dois en effet imaginer toi-même quelque chose qui fasse du bien, d'une manière ou d'une autre, à toi-même, à ta sensation de bien-être, à ton énergie ou à ton intuition. Tu peux appeler l'Univers à l'aide pour qu'il te suggère de belles idées, mais fais de chaque jeudi le jour des idées nouvelles et invente un nouvel exercice tout à fait exclusif : **un exercice créé par toi et pour toi.**

Vendredi

Imagine-toi un petit rituel pour « la bonne énergie ». Cinq minutes suffisent, mais cela peut aussi durer plus longtemps. Tout est permis, même de prier l'Univers d'envoyer à quelqu'un lumière, force et énergie, à quelqu'un qui en a particulièrement besoin (ne jamais envoyer mentalement sa propre énergie, mais toujours charger l'Univers de l'expédition !).

Tu pourrais aussi mettre à la plus belle place, dans ton appartement, un symbole positif ou ton objet kitsch favori, une peluche par exemple ; allumer une bougie parfumée ; écouter à cette occasion ta chanson préférée ; et te représenter comment ce petit rituel diffuse une énergie positive.

Samedi

Choisis un sentiment que tu voudrais volontiers vivre. Ensuite, assis-toi tranquillement et passe en revue ce sentiment en toi-même. Contente-toi de l'observer simplement, quelque petit et faible qu'il puisse être à ce moment-là.

Étant donné que tout est contenu dans tout, et que nous portons constamment en nous une disposition pour n'importe quel sentiment, un reste de tout sentiment est toujours présent en nous. Même si tu es très stressé au moment considéré, il reste toujours en toi un résidu de sentiment de paix, fût-il minuscule. Dans le calme, passe en revue ce sentiment résiduel de paix, et observe-le simplement, mais avec un maximum d'intensité.

Si tu te sens offensé au moment considéré, observe le sentiment suivant : « L'Univers me considère de façon aimante », ou encore « mes désirs sont importants ». Même si tu penses que tu n'as encore jamais été considéré, il y a une partie en toi qui est reliée à la totalité de la vie et qui peut quand même se représenter comment on se sent dans ce sentiment de considération. Et ce sentiment, tu peux l'observer avec une grande intensité.

L'énergie suit l'attention, et ce que nous observons croît.

Dimanche

Pour la plupart, le week-end signifie loisirs et jeux. Sois donc libre, et joue ! Souviens-toi de ce qui était ton jeu favori, étant enfant, et essaie-le de nouveau. Ou fais n'importe quoi qui ne poursuit aucun but, qui n'implique aucune hâte et qui ne doit pas être rentable. Prends cet exercice au sérieux et fais-le véritablement. Il n'est pas aussi innocent qu'il le paraît !

Une nuit par semaine (n'importe laquelle, mais préfère le dimanche soir quand c'est possible et que le temps s'y prête)

Tout comme les premières commandes auprès de l'Univers réussissent particulièrement bien quand on les expédie dans le ciel étoilé, toute observation de la voûte céleste comporte quelque chose de particulier. Une fois par semaine, regarde le ciel étoilé pendant au moins dix minutes, et sens combien est infinie la force de l'Univers, combien plus infinie que ce que tu vois quand tu es entre tes quatre murs. Aspire en toi ce sentiment d'infinitude et garde-le dans ton cœur.

Si tu es un lève-tôt, tu peux aussi aller dans la nature une fois par semaine, y observer un lever de soleil et te représenter que tu absorbes dans ton corps la lumière matinale, puis que tu l'emmagasines dans toutes tes cellules.

À titre de remplacement, on peut aussi regarder une bougie cinq minutes chaque jour. Beaucoup de gens ne jurent que par cette simple méthode. On peut aussi absorber la lumière par la flamme d'une bougie, lumière qui vous confère l'énergie de la manifestation.

Ces exercices simples fortifient globalement ton énergie et ta confiance en toi, tu adoptes de plus en plus un sentiment positif, tu te perçois toi-même de mieux en mieux et par conséquent tu perçois mieux aussi ton intuition. Tu deviens plus ludique, plus ouvert et tu pourras également saisir, en te jouant, toutes les occasions inhabituelles et potentielles que t'offre la vie.

Grâce à cela, tu ne rateras plus aucune commande et, d'autre part, tu augmenteras ton énergie au point que tu deviendras automatiquement un aimant pour les rencontres et aventures positives de toute sorte. Et un jour, à peine auras-tu pensé les choses que l'Univers te les livrera, et il t'enverra des monceaux de surprises supplémentaires, agréables et originales, dont, de toi-même, tu n'aurais jamais eu l'idée. Il vaut la peine d'être gentil avec soi-même.

Colle ton programme sur ton réfrigérateur :

Quotidiennement gratitude de la girafe pendant cinq minutes.

Lundi	méditation : je m'aime moi-même inconditionnellement.
Mardi	porter la lumière dans les petits coins obscurs.
Mercredi	jour d'observation de la nature ; découvre tes forces originelles.
Jeudi	inventer un nouvel exercice en exclusivité : par toi et pour toi.

Vendredi rituel de cinq minutes pour l'« énergie positive ».

Samedi chercher en soi la graine d'un sentiment désiré et l'observer simplement.

Dimanche sois libre et joue ; fais quelque chose qui ne comporte aucun but, aucune hâte et qui ne doit pas être rentable.

Une nuit quelconque par semaine observation de la voûte céleste étoilée.

16

UN FORMULAIRE DE COMMANDE « POUR S'AMUSER »

On peut espérer maintenant que tout le monde le sait : la MANIÈRE de commander importe moins que l'aptitude à recevoir la livraison au lieu prévu et à l'heure dite ; il est clair par conséquent qu'un formulaire de commande auprès de l'Univers est naturellement une chose très importante, et qu'il ne faut en aucun cas commettre de faute à cette occasion !

Quand on sait que j'ai écrit une absurdité dans la dernière partie de la dernière phrase, et qu'on voudrait quand même, pour le plaisir et selon la devise « il n'en coûte rien d'essayer », tenter un petit rituel de commande – rituel que je fais souvent avec les participants à mes séminaires et à mes conférences –, ce fameux formulaire peut être utilisé à cet effet.

Comme toujours pour les formulaires importants, écrivez, s'il vous plaît, d'une écriture enfantine, et n'oubliez pas de peindre une jolie petite fleur à la fin de chaque ligne. Autrement, ça ne sert à rien.

Prénom : ....
Nom : ....
Date de naissance : ....
Adresse de livraison (une excellente mention, à cet endroit, serait par exemple : « Partout où je me trouve précisément. » Indiquer simplement l'adresse de son domicile est nettement moins adroit) :

....

Place pour une photo d'identité (particulièrement important quand tu as écrit « partout où je me trouve » à la rubrique précédente ; il faut bien qu'ils te reconnaissent !).

Je commande les articles, situations et circonstances suivants (avant de remplir, veuillez lire la remarque ci-dessous) :

1...
2...
3...
4...

Remarque : tu peux certes inscrire quatre commandes par formulaire, MAIS j'aurais ici une proposition particulière à faire. Tu as certainement déjà remarqué que, lors de tes commandes antérieures réussies, tu étais le plus souvent dans une humeur d'abandon détendu et d'évidence enfantine où tu te sentais pousser des ailes, ou tout au moins dans un état d'insouciance. Lors des réclamations concernant des livraisons encore en suspens, tu es le plus souvent tendu, quelque peu soucieux et beaucoup moins détendu.

On peut y remédier par un tour de passe-passe ; pour les commandes 1, 2 et 4, tu inscriras des choses dont tu es totalement convaincu qu'elles viendront de toute façon. Des choses comme : « Je commande que le soleil se lève de nouveau demain matin. » Aucune importance que cela ait ou non un sens ; c'est un truc pour diriger ta vie sentimentale dans le bon sens. En effet, tu te représentes maintenant que tu commanderais effectivement le lever du soleil, et tu ressens exactement en toi-même comment tu éprouves cela.

Quand tu commandes quelque chose d'aussi évident, tous les sentiments souhaitables pour la commande se répandent d'un seul coup en toi : décontraction, insouciance, évidence, confiance totale, certitude, etc.

Puis tu inscris encore en 2 une commande évidente, et tu actives de nouveau les sentiments désirés à cet effet. Ressens exactement comment ces sentiments s'expriment dans ton corps. En 3 se place alors ta « véritable » commande et, tout ce que tu as à faire, c'est de l'inscrire en écriture ordinaire, de ne pas trop réfléchir et de ne rien changer dans ton corps, ni dans ta vie sentimentale.

Afin d'éviter que, par mégarde, tu ne dérives dans un autre sentiment, tu inscris immédiatement en 4 une commande aussi évidente qu'en 1 et 2, et tu sens encore une fois comment tu éprouves confiance et détente.

De cette manière, tu as expédié ta commande dans l'énergie optimale, et tu peux attendre ta livraison avec confiance, à l'endroit voulu et au bon moment.

Exemple :

1. Je commande que le soleil se lève de nouveau demain matin.
2. Je commande que, l'année prochaine encore, l'herbe pousse dans la campagne.
3. Je me commande un nouveau job, qui me permet davantage de libertés et où je me sentirai plus utile ; il devra aussi m'apporter un meilleur salaire et plus de plaisir.
4. Je commande qu'aujourd'hui encore, ou demain, les boulangers vendent des petits pains (ou des croissants, des pains aux raisins, etc.).

Si tu souhaites expédier plusieurs commandes avec un tel formulaire, tu peux le recopier et, aux points 1, 2 et 4, inscrire toujours les mêmes commandes. Comme tu es convaincu qu'elles arriveront de toute façon, et que tu es sûr que tu n'investis aucune énergie dubitative, il est indifférent que tu commandes toujours la même chose à ces endroits.

Engagement :

Je, soussigné........., m'engage par la présente à faire moi-même quelque chose de bien aussitôt après expédition de la présente commande (que ce soit à la lueur d'une bougie, de la lune ou du soleil). Je suis au courant du fait que les clients les plus rapidement livrés sont ceux qui sont bien centrés, jouissent de leurs propres forces et sont en paix avec leur situation présente.

C'est pourquoi, immédiatement après la commande, je me ferai quelque chose de bon, afin de me sentir bien dans le présent et, grâce au bien-être, de libérer la voie aux réponses que fera l'Univers à ma voix intérieure.

J'entreprends ce qui suit pour mon propre bien-être :

....

....

....

....

....

Date, signature :

....

....

Résumé

« La confiance est dans le cœur une oasis qui n'est jamais atteinte par la caravane de la pensée. »

KHALIL GIBRAN

L'Univers prend en compte toute commande, parce que le monde est ce que nous pensons de lui, comme nous l'enseigne notamment la philosophie Aloha des Hawaïens. S'il en est ainsi, nous ne pouvons pas empêcher, de toute façon, que toutes nos pensées et tous nos sentiments soient enregistrés et traités dans une sorte d'ordinateur cosmique.

La question n'est donc pas tant de savoir comment je puis améliorer ma technique de commande, que de savoir comment je puis améliorer la réception de mes livraisons. Il s'agit donc essentiellement d'être mieux relié à sa sagesse intérieure et à son intuition, qui vous conduit au moment opportun à l'endroit voulu et vous fait accomplir la chose correcte, afin de ne pas rater la livraison. Car se contenter de sonner à la porte et de retirer l'objet commandé est quelque chose qui arrive certes parfois avec le service de livraison universel – mais se produit en fait très rarement.

Doper sa sagesse intérieure et son intuition n'est pas seulement très facile, c'est également agréable. Il suffit d'être chaque jour plus gentil avec soi-même ! Qui s'aime bien soi-même et se ressent soi-même volontiers ressent aussi automatiquement son intuition – et perçoit son conseiller intérieur.

Par conséquent, sois de plus en plus gentil avec toi-même, médite sur le mantra « Je m'aime moi-même inconditionnellement », et les problèmes de retards des livraisons de l'Univers seront bientôt réglés.

Tu ne dois pas te fatiguer pour acquérir la maîtrise dans la création de ta propre réalité, car tu l'as déjà ! Tu dois seulement te connaître toi-même de plus près et découvrir comment tu t'es magiquement mis dans les situations où tu te trouves maintenant. Si tu peux en découvrir la cause en toi-même, tu as en même temps en main la clé pour modeler consciemment ta vie dans l'avenir.

Peu importe l'endroit où tu te situes dans ta vie, et quelle est ta situation de départ : la vie prépare pour chacun des possibilités totalement individuelles pour qu'il mène une vie parfaitement heureuse. Mais pour cela aussi il est capital que tu te connaisses toi-même. Car, quand une taupe veut apprendre à voler, ça lui sera d'abord assez difficile et, deuxièmement : même si le miracle se produit et que la vie invente des parapentes pour taupes, tu découvriras, en tant que taupe, que tous tes efforts ont été vains, car le fait de voler ne te rend pas heureux. Tout là-haut dans les airs, tu as le mal de mer et tu souhaites revenir sur la terre. Si en revanche un oiseau souffre de l'illusion de vouloir absolument creuser des galeries souterraines, il aura du mal à se réaliser de la sorte.

Il est tout aussi peu judicieux de se commander auprès de l'Univers : « Je veux devenir une danseuse étoile », quand on a déjà 60 ans et qu'on pèse 100 kilos. Quelle que soit la générosité intrinsèque de la vie, elle n'aime rien tant que nous soutenir dans notre état de bonheur, et elle ne se réjouit de rien autant que quand quelqu'un s'est trouvé lui-même et a trouvé sa voie individuelle vers le bonheur. Peut-être te livrera-t-elle, dans le cas d'une telle commande, un job de danseuse étoile dans un théâtre de marionnettes, afin que tu puisses vérifier si tu es vraiment heureux, ou bien si tu dois creuser un peu plus profondément en toi pour chercher où est ton véritable bonheur personnel.

Au fond, tout ce que tu dois savoir est là :

1. L'Univers livre tout. Apprends à être au bon endroit au bon moment, et apprends aussi à reconnaître les livraisons.

2. Tu ne dois pas élaborer la maîtrise du façonnage de ta réalité personnelle : tu l'as déjà. Il ne te reste plus qu'à découvrir comment et avec quoi tu t'es créé ta réalité jusqu'ici, afin de pouvoir appliquer le principe de plus en plus consciemment.
3. Il existe pour chacun une voie individuelle, parfois très inhabituelle, conduisant à une vie heureuse et accomplie. Apprends à reconnaître ton noyau intime et à l'apprécier.
4. Sois gentil envers toi-même (il ne s'agit pas, bien sûr, de procéder à des achats compulsifs de frustration, parfois justifiés par « il faut que je me fasse du bien de temps en temps »). Découvre les besoins de ton âme et satisfais-les ; tu pourras alors t'épargner les points 1 à 3, car tes désirs t'échoiront d'eux-mêmes : parce que tu es le bonheur, que tu rayonnes le bonheur et que tu attires le bonheur.

« Un moindre savoir, appliqué vigoureusement,
vaut infiniment plus qu'un grand savoir en jachère. »

KHALIL GIBRAN

Le mot de la fin

« On ne trouve ses véritables forces que lorsque l'on s'identifie à son âme et non à sa raison. »

SAINT JEAN DE LA CROIX (1542-1591)

Étant donné que je crée l'extérieur à partir de mon intérieur, il faut d'abord que je change quelque chose à mon intérieur quand quelque chose ne me plaît pas à l'extérieur.

Afin de devenir une excellente station de réception pour les inspirations et les livraisons universelles, il suffit que je me soucie complètement de ma « dé-frustration ». Car quand je voudrais voir quelque chose changer dans ma vie, tout manque de joie doit être remplacé par un surcroît d'action !

Je suis compétent pour l'entretien et la maintenance de ma station de réception, mais non pour la qualité des émissions de l'émetteur.

C'est dans la joie et l'ouverture que les occasions viennent à moi. Dans la morosité accablante, je dois aller chercher les occasions. Et plus je suis morose, plus je m'apitoie sur moi-même – et plus les occasions sont promptes à se cacher à moi.

Et même si tu n'en sais pas davantage, rappelle-toi que, à la fin du savoir, le début du sentir reste encore ouvert. Mille fois plus de savoir et de possibilités gisent là-derrière, que le seul entendement rationnel ne pourrait en offrir.

« Heureusement, il n'est pas indispensable
de connaître la loi, ni même de la comprendre
complètement, pour l'appliquer – pas plus
qu'il n'est nécessaire de connaître la loi
par laquelle les rayons du soleil parviennent
sur la Terre pour que vous puissiez vous en réjouir. »

LE MESSAGE D'UN MAÎTRE, DE JOHN MCDONALD.

Composition : Soft Office

Achevé d'imprimer en mars 2025
sur les presses de la Nouvelle Imprimerie Laballery
58500 Clamecy
Dépôt légal : mars 2025
Numéro d'impression : 502717

Imprimé en France

La Nouvelle Imprimerie Laballery est titulaire de la marque Imprim'Vert®